.

BÄRENBLUT

Von der Mystik des Alltags:
Ein schamanischer Weg

Barbara Gramlich

Mit einem Vorwort von Sandra Ingerman

spiritbooks

© 2016 spiritbooks, 70178 Stuttgart
Verlag: spiritbooks, www.spiritbooks.de
Autorin: Barbara Gramlich, www.schamanin.net
Buchsatz/Layout: Gabi Schmid · PCS Books, www.pcs-books.de
Covergestaltung: Lisa Gramlich, www.fotograefin-lisa.de, Corina Witte-Pflanz, www.ooografik.de
Fotos: Seiten 68, 101, 120, 135, 194, 202, 206, 233 Privat, *Seamless ornament ancient* © pinkcoala – Fotolia.com, *Vector Big Set of Animals Silhouettes. Mammals, Reptiles ...* © nikiteev – Fotolia.com, *Tree of Life Yggdrasil World Tree* © artistique7 – Fotolia.com, *Hummingbird. Tattoo art. Retro banner, invitation,card ...* © kateja – Fotolia.com, *Vector set of 20 animal footprints icon* © nikiteev – Fotolia.com, *Seamless ornament ancient ornament* © pinkcoala – Fotolia.com, *Petroglyph signs and symbols imprint* © Ilya Chalyuk – Fotolia.com, *Baobab* © abeadev – Fotolia.com
Druck und Verlagsdienstleister: www.tredition.de
Printed in Germany
1. Auflage

ISBN: 978-3-946435-43-3

Ich widme dieses Buch

den vergessenen

15.000.000 AIDS-

Waisenkindern Afrikas

INHALTSVERZEICHNIS

VORWORT VON SANDRA INGERMAN

Vor zwanzig Jahren bin ich Barbara Gramlich in der Schweiz das erste Mal begegnet. Offensichtlich hatte ich Barbara vor einiger Zeit mitten in der Nacht eine Nachricht überbracht (!)

Als sie mich dann auf einem meiner Seminare über Seelenrückholung traf, kam sie auf mich zu und stellte sich vor. Und basierend auf jener Erfahrung fragte sie mich: „Was machst du mitten in der Nacht in einem deutschen Schlafzimmer?"

Nach eineinhalb Jahren hatte sie endlich die Frau zu der Stimme getroffen, die sie laut und deutlich in der Stille der Nacht vernommen hatte: „Shamanism is a good way to help yourself and others! "

Barbara hatte eine Englisch sprechende Frauenstimme gehört. Es war ihre erste Lektion in Schamanismus: Geister existieren außerhalb der Zeit. Sie wissen alles, lange bevor wir überhaupt eine Ahnung haben von jenen Dingen, die auf uns zukommen.

Die Stimme in der Nacht entpuppte sich als ein Ruf, ein eindringlicher Ruf aus der Geistigen Welt, der zur Berufung wurde.

In Bärenblut teilt Barbara ihre Fülle und Freude mit, die in ihr Leben traten durch die tiefe und vertrauensvolle Verbindung zu Krafttieren, Geistführern, Ahnen, Naturgeistern, Kraftpflanzen und Engeln.

 9

Wenn man sich durch die Kapitel liest, so ist das wie eine Begegnung mit fortwährend sich ereignenden Wundern – was einen staunend zurücklässt. Sie ist im Stande, eine Sehnsucht nach einem ähnlichen Leben zu wecken, voller Mystik und Magie. Und es fühlt sich so leicht an. Alles, was wir brauchen, ist VERTRAUEN in die Geistige Welt.

In Bärenblut teilt Barbara die Meinung, dass nicht nur jeder Mensch die Kraft und Fähigkeit besitzt, mit helfenden Geistwesen in Kontakt zu treten, und um mit der schamanischen Praxis der direkten Offenbarung zu arbeiten, sondern dass es sogar unser Geburtsrecht ist, welches uns zweitausend Jahre lang grausam verweigert wurde.

Ein interessanter Aspekt ihrer Lehre ist der, dass sie den christlichen Glauben mit großer Leichtigkeit mit dem des Schamanismus verwebt. Barbara stammt aus einer streng katholischen Familie, und aus diesem Hintergrund heraus vergleicht sie die Mystik des Katholizismus mit der Mystik des Schamanismus und findet keinerlei Widersprüche.

Um ein erfülltes und sinnstiftendes Leben zu führen, erklärt Barbara, müssen wir nur eine Wahl treffen: sich der Geistwesen zu „er-innern" und sich mit ihnen zu verbinden, und vor allem, den lieben langen Tag dankbar zu sein für ihre ständige, liebende und führende Präsenz.

Ich habe mit Freude die Entwicklung von Barbara über die zwanzig Jahre, die ich sie kenne, verfolgt. Sie hat sich in eine brillante und kraftvolle Schamanische Praktikerin und Lehrerin entwickelt.

Barbara lebte über Jahre in verschiedenen Ländern

Afrikas, wo sie hauptsächlich der dunklen Seite des Schamanismus begegnete. Ihr Desinteresse an diesem Thema entstand als Resultat dieser manchmal düsteren und unbekannten Praxis, die sie an das Mittelalter erinnerte.

Aber die Stimme, die in jener Nacht zu ihr sprach, war ein wahrer Ruf der Geister.

Die Lehren des Core-Schamanismus gaben ihr die notwendige Öffnung, um ihren Geist zu weiten.

Trotz des archaischen Katholizismus ihrer Vorväter, begann sie ihre Suche, um ihren Geist von Dogmen zu befreien. Schon als kleines Mädchen sehnte sie sich danach, hinter den Horizont zu schauen, welches der Beginn einer lebenslangen Suche wurde. Sie erklärt auf sehr einfache Weise, wie sie selbst in die Ebenen der Geistwelt eintrat, und wie sie dort wahre Antworten und erstaunliche Führung erhielt.

Ich war immer von Barbaras Präsenz und ihrem offenen und überaus wachen Geist beeindruckt. Selbst als Mutter von fünf kleinen Kindern fand sie noch den Mut, immer tiefer in die schamanische Welt vorzudringen. Der Leser kann ihrem unerschöpflichen Pioniergeist folgen, wie sie sich der klaren Führung der wissenden und kraftvollen Geistigen Welt zuwendet.

Als pragmatische und erdverbundene Frau nimmt Barbara den Leser bei der Hand, um einem leichten und doch spannenden Weg in die Welt der Geister zu folgen, jener Weg, der sich auch ihr offenbart hatte. Die geistige mit der alltäglichen Welt zu verbinden ist ihr

Herzensanliegen, um Leben reich und wunderbar gestalten zu können.

In ihrer Begegnung mit der sibirischen Schamanin Tatjana in Chakassien, welche sie in Bärenblut beschreibt, kann man die starke Präsenz der Geistwesen spüren, welche zu einem „unirdischen" Erlebnis für Barbara führte, jenseits der Naturgesetze.

In ihren reichen und oft aufregenden Abenteuern hat sie nie das Vertrauen in die helfenden Geister verloren, die sich in Träumen und Trancereisen zeigten. Und sie wird dafür belohnt. Die Hilfsgeister führten sie sogar zurück nach Afrika, um sie mit einer liebenswerten Schamanin aus Simbabwe bekannt zu machen, die bereits auf sie wartete.

Barbara glaubt, dass jede Frau und jeder Mann als große Geister in der Lage sind, Geist zu erfahren, während wir noch mit unseren Füßen im Staub wandeln.

Sie sagt ganz deutlich, dass wenn wir als Menschheit nicht unseren göttlichen Auftrag annehmen, als Mensch der Mittler zwischen Himmel und Erde zu sein, dann werden wir als Spezies nicht überleben können.

In all den Jahren, in denen ich mit ihr im Kreis saß, hat sie nie ihre Demut und ihre tiefe Dankbarkeit im Angesicht des Großen Geistes verloren. Man kann Barbaras größten Wunsch und ihre größte Freude fühlen, die Kraft der Geister zu teilen, mit denen sie gesegnet ist, und mit jedem, der daran wirklich interessiert ist, gemeinsam zu lernen. Sie ist ein wunderbares Beispiel dafür, wie das tiefe Vertrauen in liebende Geisthelfer, starke Krafttiere und sorgende Ahnen uns helfen, in Harmonie und Schönheit auf dieser Erde zu leben, die unsere Heimat ist.

Barbara Gramlich ist eine brillante und engagierte Lehrerin. Sie schöpft aus einer Fülle von Weisheit, um alle jene, die Bärenblut lesen, zu inspirieren, damit sie auf ihren eigenen spirituellen Reisen im Leben vorankommen und sich entfalten.

Sandra Ingerman, Schamanische Praktikerin und Lehrerin, Autorin von 10 Büchern, inklusive „Auf der Suche nach der Verlorenen Seele: Der Schamanische Weg zur Inneren Ganzheit", „Heilung für Mutter Erde".

HINTER DEM HORIZONT

Ich sitze auf der Treppe vor unserem kleinen Bauernhaus. Vor mir der Hof mit Schuppen, Hühnerhaus, Brunnen, Klohäuschen, Misthaufen und großer Scheune. Unser Bauernhof steht in der Nähe von Schwerin, auf der Mecklenburger Seenplatte. Ich bin etwa 5 Jahre alt und versuche angestrengt den Doppelknoten meiner Schnürsenkel zu lösen, den mir Mama wieder einmal gebunden hat in der Hoffnung, dass ich ihn nicht öffnen kann. Mama wusste damals noch nicht, dass ich schon als leidenschaftliche Barfußläuferin geboren wurde. Die Sonne ist noch mild am Morgen, die vertrauten Hofgeräusche wärmen mein Herz. Mich zieht es auf die endlosen Weiden hinter der Scheune. Endlich werde ich für meine Ausdauer und Erfahrung belohnt, schlüpfe aus den Schuhen und bringe mich außer Sichtweite hinter die Scheune. Ich genieße nicht nur den Morgentau an meinen befreiten Füßen, sondern das Alleinsein, die Stille. Ich beobachte nicht die einzelnen Insekten, wie sie unablässig von einer Blüte zur anderen fliegen, nehme nicht die verschiedenen Wiesenblumen wahr, weder die warme Sonne am Himmel noch die Gräser im Wind kommen mir in den Sinn. Es ist wie ein lebendiges, belebendes Bad in einer harmonischen, klangvollen Symphonie, ein Aufgehobensein in der Einheit, die ich verstandesmäßig noch gar nicht fasse.

Meine Augen schweifen zum fernen Horizont. In der Ferne sehe ich Zäune und Hecken. Plötzlich bin ich magnetisiert. Ich erkenne, dass dort, wo Zäune und Hecken stehen, der Himmel die Erde berührt! Ich bin überwältigt von dieser Erkenntnis, die sofort in mir diese Sehnsucht entfacht, dorthin zu laufen und durch den Himmel zu schauen. Ich muss und will einfach durch den Himmel schauen! Ich muss zu dem Punkt, wo Himmel und Erde sich berühren. Wie magisch angezogen, laufe ich sofort los, denn so weit weg scheint es gar nicht zu sein. Ich muss über einen Zaun klettern und drehe mich immer wieder nach Elternhaus und Scheune um. Ich laufe bis zu der Stelle, die ich von der Scheune aus fixiert hatte. Welch eine Enttäuschung, als ich bei den Hecken ankomme! Hier ist nichts, der Himmel berührt dort die Erde, wo rechterhand der Wald anfängt. Ich laufe weiter und drehe mich ängstlich immer wieder um. Das Haus kann ich nicht mehr sehen, aber noch ist das Dach unserer Scheune zu erkennen, noch finde ich leicht zurück. Als ich am Waldrand ankomme, ist die Enttäuschung und Verwirrung noch größer. Eine neue Linie tut sich weit weg von mir auf, noch eine Weide, noch eine Hecke! Nun überfällt mich Sorge und Angst. Das Dach der Scheune verschwindet hinter mir. Aber ich will unbedingt durch den Himmel schauen! Obwohl ich so klein bin, ist meine Sehnsucht stärker als meine Angst, und so mache ich mich auf den Weg, zu dem Punkt, wo Himmel und Erde sich berühren. Als ich ihn erreiche, bin ich den Tränen nahe.

Der Himmel läuft vor mir davon!

Mir ist nicht erlaubt, wenigstens einmal hindurch zu

schauen, zu erfahren, was dahinter liegt.

Nach dieser letzten tiefen Enttäuschung renne ich nach Hause zurück. Ich fange erst das Schlendern an, als ich das vertraute Scheunendach wieder sehe. Ich bin zutiefst verwirrt und enttäuscht. Ich weiß, ich kann mit niemandem darüber reden. Ich vermute, dass ich einfach nur dumm bin, und will meinen Geschwistern keine Gelegenheit geben, mich auszulachen. Aber im Herzen weiß ich, dass ich eines Tages in den Himmel hineinschauen werde – koste es, was es wolle.

Mein Lebenstraum ist geboren.

Im April 1954 erblickte ich das Licht der Welt, in einem fahrenden Auto zwischen Wittenburg und Rehna in Mecklenburg. Meine Mutter behauptete immer, das sei der Grund, warum ich ständig unterwegs sei, wie eine Zigeunerin. Ich bin das neunte von elf Kindern einer einfachen Bauernfamilie. Hier lernte ich Toleranz, Mitgefühl, Bescheidenheit, und meine Sensoren wurden aufs Feinste geschliffen. Der Hintergrund meiner Eltern war sehr archaisch, was die Erziehungsmethoden anbelangte und erzkatholisch. Sie mussten 1940 ihre Heimat in der Dobrudscha, am Schwarzen Meer in Rumänien, verlassen, lebten während des Krieges in Polen und kamen von dort mit einem Flüchtlingstreck nach Mecklenburg.

An meinem siebten Geburtstag flog der erste Mensch, der Russe Juri Gagarin, ins All. Er behauptete, dass er Gott nirgends gefunden habe. Damals dachte ich, er müsse doch sicher hinter den Horizont geschaut haben – er, in seiner Rakete am Himmel! Wieso hatte auch er nichts gesehen?

Damals lebten wir schon in Westdeutschland in einem Flüchtlingslager, nach einer gelungenen Flucht ein halbes Jahr zuvor. Für meine Eltern vergingen zweiundzwanzig Jahre, die geprägt von Umsiedlung, Vertreibung, Flucht, der Geburt von elf Kindern waren, bis sie 1962 im Frankenland angesiedelt wurden. Ich war damals acht Jahre alt, froh, mit nur zwei Schwestern ein Zimmer teilen zu müssen, und nicht mit zwanzig Fremden. Welch ein Luxus!

Ich blieb nur acht Jahre dort in der Nähe von Würzburg wohnen, denn im Alter von Sechzehn ging ich nach München, um ein Freiwilliges Soziales Jahr zu absolvieren. Ich hatte keine Ahnung, was ich nach der Mittleren Reife lernen sollte. Aber ich wusste, dass ich nicht Sekretärin oder Krankenschwester werden wollte. Der Gedanke, Kindergärtnerin zu werden, war für mich nur das kleinere Übel. Also entschied ich mich erst einmal, nach München zu gehen. Als das Jahr vorbei war, wusste ich immer noch nicht, wohin mit mir. Also hängte ich noch ein Jahr als Au Pair in England dran. Zurück in Deutschland wollte/sollte ich eigentlich auf eine Schule für Kindergärtnerinnen gehen, aber ich wusste instinktiv, dass das nicht mein Weg sein konnte.

Von einer wunderbaren Norwegerin wurde ich vor dieser Schule bewahrt. Kirsten war 1961 als junges Mädchen zu uns ins Flüchtlingslager als Freiwillige im Dienst der Norwegischen Flüchtlingshilfe gekommen. Nun, zum Sommersemester 1976 war sie in Deutschland, um Deutsch zu studieren, und suchte ein junges Mädchen, welches mit ihr nach Norwegen kommen würde, um sie bei ihrem Deutschstudium mit deutscher Konversation und bei der Betreuung ihrer zwei kleinen Kinder zu unterstützen. Ich war begeistert und reiste mit großer Freude und Erleichterung nach Norwegen. Heute weiß ich, es war die sorgloseste Zeit meines Lebens. Ich fühlte mich angenommen und respektiert von meiner Gastfamilie.

Meine Eltern waren verzweifelt, denn ich wollte mich so gar nicht an die gesellschaftliche Norm halten – oder was sie darunter verstanden. Ich schien wohl schon von Kindesbeinen an auf die Stimme meines Herzens programmiert. Die norwegische Sprache fiel mir leicht und bald unterhielt ich mich mit den Kindern norwegisch, mit meiner Gastmutter deutsch und mit meinem Gastvater, einem Englischlehrer, englisch. Er erkannte mein Talent für Sprachen und so wuchs in mir der Wunsch, auf eine Sprachschule zu gehen, was ich sogleich umsetzte, als ich nach Deutschland zurückkam. Das fühlte sich einfach richtig an. Nach zwei Jahren Sprachschule legte ich die Prüfung zur staatlich anerkannten Dolmetscherin für Deutsch/Englisch und zur Fremdsprachenkorrespondentin für Deutsch/Spanisch ab.

Ich habe nie als Dolmetscherin gearbeitet.

Heute dolmetsche ich zwischen den Welten.

Noch bevor ich 1975 zur Prüfung antrat, hatte ich mich

beim Deutschen Entwicklungsdienst (DED) beworben. Mich drängte es wieder ins Ausland und meine soziale Ader wollte auch gelebt werden. Ich schloss einen Zwei-Jahres-Vertrag mit dem Deutschen Entwicklungsdienst als Entwicklungshelferin ab, der mich mit gerade einundzwanzig Jahren nach Dar-es-Salaam in Tansania als Fremdsprachenkorrespondentin verpflichtete. Zur Vorbereitung auf Tansania musste ich aber für zweieinhalb Monate nach Berlin. Hier lernte ich nicht nur Kisuaheli und Landeskunde, sondern auch meinen zukünftigen Mann Heinz kennen und lieben. Tansania war eine großartige Erfahrung für mich. Die heitere Arbeitsatmosphäre im Büro, die Einheimischen, die ich sehr zu schätzen lernte, meine zwei Reisen mit dem Zug quer durch das Land zum Victoriasee und zum Tanganjikasee zu den Entwicklungshelfern vor Ort, der Kilimandscharo, der Indische Ozean vor der Haustüre, all das hat einen warmen Platz in meinem Herzen.

Nach einem halben Jahr kündigte ich meine Stelle in Dar-es-Salaam und folgte meinem Freund nach Swasiland. Der nämlich durfte seinen Vertrag nicht kündigen, da er als Freiwilliger seinen Ersatzdienst für die Bundeswehr in Swasiland leistete. Sonst wäre er schon nach Tansania gekommen. Einen Monat später heirateten wir, da ich keine Aufenthaltsgenehmigung bekam, und ein Jahr später, im Mai 77, nahmen wir zwei schwarze Babys auf, die wir mit Mühe und Glück adoptieren konnten.

Bernhard war etwa 3 Monate alt, ein Findelkind. Er war dem Tod näher als dem Leben. Sein Lebenswille war jedoch stärker und er hat sich im Laufe der Zeit zu einem gesunden, kraftvollen jungen Mann entwickelt. Seine Liebe gilt dem Basketball, dem Sport überhaupt. Er fühlt sich sehr verbunden mit seinem Krafttier und seiner Geistführerin, die er in seinen Alltag integriert.

Matthias war bereits 9 Monate alt, als wir ihn in einem Kinderheim entdeckten. Bernhard kam Anfang Mai, Matthias Ende Mai des gleichen Jahres zu uns. Beiden ging es zu Beginn sehr schlecht und sie mussten gleichermaßen wie ein Zwillingspärchen versorgt werden. Matthias war von Anfang an ein sehr ernstes Kind. Wir können heute stundenlang philosophieren. Er respektiert meinen schamanischen Lebensweg, aber es ist nicht sein Weg.

Lisa wurde 1979 in Swasiland geboren. So zu einem Kind zu kommen, war bei Weitem einfacher! Aber da wir uns eine große Familie wünschten und es genügend Kinder ohne Eltern gab, haben wir eben zuerst adoptiert. Auch Lisa geht ihren erfolgreichen Weg, um die schamanische Dimension erweitert. Sie fühlt sich vor allem zu Blumen hingezogen, auch als Fotografin. Kein Wunder, denn Biene ist ihr Krafttier!

Lorenz kam 1984 in Kamerun zur Welt, in Buea auf dem Kamerunberg (einem noch tätigen Vulkan). Wir lebten dort von 1983 bis 1988. Mein Mann bildete an einem Technischen College Maurer aus.

Zur Geburt von Lorenz kam der lokale Häuptling zu Besuch und hat ihm den Namen „Efema" gegeben, die

Bedeutung sei: „So stark, dass er durch einen Wasserfall gehen kann!" Lorenz hat einen starken, intuitiven Zugang zur Geistigen Welt. Seine Reisen sind brillant.

Philipp ist unser einziges Kind ohne afrikanischen Hintergrund. Er wurde 1991 am Vater Rhein geboren. Er hat schon als Kind Pflanzendevas gesehen und über ein Jahr lang von einem Vorleben erzählt. Er konnte die Schwingungen von Steinen den Musiknoten zuordnen, damals war er 3 Jahre alt. Es war die Zeit, als ich zum Schamanismus gerufen wurde. Er ist mit Krafttieren und Geistführern aufgewachsen, und es ist für ihn eine nicht näher erwähnenswerte Selbstverständlichkeit. Er hat immer darunter gelitten, nicht in Afrika gelebt zu haben, also haben wir das für ihn nachgeholt. 2001/2002 ging ich mit ihm für ein halbes Jahr nach Simbabwe, um meinen Bruder und seinen Sohn zu besuchen. Es war eine glückliche Zeit für ihn. Für Philipp steht fest, dass er nach der Lehre zurückgeht nach Afrika, mit dem Traum, eine Lodge, also ein Gästehaus in einem Tierpark zu führen. Er folgt dem Weg seines Herzens, mit Krafttier und Geistführer.

1994 erlebte ich meine Berufung zum Schamanismus, mitten in der Nacht! Im Kapitel „Der Ruf in der Nacht" berichte ich darüber.

Ich besuchte danach in Folge viele Seminare der Foundation for Shamanic Studies (FSS), eine amerikanische Stiftung zur Förderung des Schamanismus. Fast jährlich nahm ich daran teil. Immer hat es ein Jahr gedauert, bis ich das Wissen und die Erfahrungen gut in mein Leben integriert hatte. Meine Lehrer waren Paul Uccusic, Carlo Zumstein und Sandra Ingerman. Paul hat mich nur in das Basiswissen der schamanischen Arbeit eingeführt. Er ist ein wirklicher „Schamanenvater" des europäischen Zweiges der FSS. Carlo und Sandra haben mich über viele Jahre begleitet und gelehrt. Sie sind wunderbare Lehrer, die wirklich be-Geist-ert sind und durch das Teilen ihres Wissens scheinbar mühelos andere begeistern können.

Aber das Meiste lerne ich aus eigener Erfahrung mithilfe meiner wunderbaren Verbündeten in der Geistigen Welt, mit denen ich eine liebevolle Freundschaft pflege. Das bewegt mich immer wieder sehr.

Es waren just diese Verbündeten, die mich 2004 bei einem Kulturaustausch in der Republik Chakassien (Sibirien) zu einer chakassischen Schamanin führten. Was ich dort erlebte, hat mich wieder einmal mehr hinter den Horizont, der mystischen Ebene des Seins, blicken lassen.

Über die Jahre sind wir viermal umgezogen in Deutschland. Zurzeit leben wir auf „Ricardis Land", völlig allein, mitten auf einer Waldlichtung. Auch hier haben uns die Geister geführt, und auch diese Geschichte werde ich erzählen.

Eine „wundersame Fügung" führte mich 2007 nach Rumänien, in die Heimat meiner Eltern und zu neuen Ufern. Über sechs Jahre hielt ich dort regelmäßig schamanische Seminare ab. Wie das gekommen ist, werde ich auch mit Freuden mitteilen.

Ja, und wie ich dazu komme, dieses Buch zu schreiben, das ist natürlich auch Führung durch Geisterhand.

Die Sehnsucht, hinter den Horizont zu schauen, zieht sich wie ein roter Faden durch mein Leben. Ich bin mir im Klaren, dass mir vor allem die Bewusstseinsreise in den ewigen und unendlichen Garten immer wieder die Gelegenheit schenkt, hinter den Horizont zu schauen. Auf der Erde ist es recht einfach. Es gibt nur fünf Kontinente, die man durchstreifen kann, zweiundzwanzig Länder habe ich dabei bereits kennengelernt. Aber die Nichtalltägliche Wirklichkeit ist ohne Anfang und Ende. Ich bereise sie nun schon seit fast zwanzig Jahren und habe immer noch das Gefühl, nur einen Schritt hinein getan zu haben.

Aber meine Sehn-Sucht hat sich verändert. Mein Sehnen ist nicht mehr süchtig. Aus einem tiefen Vertrauen heraus weiß ich, dass ich gefunden werde, wenn es an der Zeit ist.

Darf ich Dich einladen, mit mir einen Blick hinter den Horizont der Alltagswirklichkeit zu wagen, um dabei die Kraft der spirituellen Welt zu erfahren? Liebevolle und mitfühlende Geistwesen sind überall. Du musst ihre Präsenz nur anerkennen, dann geschehen Wunder, auch für Dich.

DER RUF IN DER NACHT

 Etwas hat mich geweckt. Ich höre plötzlich eine Frauenstimme, die auf Englisch zu mir sagt: „Schamanism is a good way to help yourself and others!"

Bevor ich irgendetwas anderes registrieren kann, ist es auch schon vorbei. Ich sitze, wie vom Donner gerührt, im Bett. Neben mir schläft seelenruhig mein Mann. Habe ich geträumt? Nein, sicherlich nicht, denn ich habe den Klang der Worte noch in den Ohren. Meine Haare stehen mir zu Berge. Ich bin aufgewühlt und meine Hirnwindungen rattern vor lauter Fragen.

Was war das?
Wer war das?
Warum? Warum auf Englisch?
Wieso Schamanismus?
Warum sollte ich mir und anderen helfen?

Es klang nicht wie eine Feststellung, sondern hatte einen Nachdruck, eine Autorität in der Schwingung, was als unwiderrufliche Aufforderung bei mir anlandete.

Ich kenne das Wort Schamanismus, aber sonst?!

Ich weiß, dass es Schamanismus in den indigenen Kulturen bis heute gibt. Ich habe darüber in Afrika erfahren, aber mehr mit seinen negativen Ausprägungen. Deshalb habe ich mich auch nie darum bemüht, sondern es belächelt und gemieden.

Mir fällt unser Adoptivsohn Bernhard wieder ein, den sie uns in Swasiland wieder wegnehmen wollten, um ihn als Lehrling bei einer Sangoma, einer landestypischen Schamanin, aufwachsen zu lassen. Das war ein Schock, und wir haben lange um ihn gebangt. Die Sangomas in Swasiland wurden mehr gefürchtet als geliebt und geachtet. Sicher, man sucht sie noch auf, aber mir war klar, dass es mehr die Tradition gebot. Es gab auch Sangomas, die sich gut mit lokalen Kräutern auskannten und einem Kranken oft mehr helfen konnten, als die geheiligten Antibiotika der Schulmediziner. Es lag jedoch ein dunkler Schatten auf den Schamanen und Schamaninnen und ihren Anwendungen. Wir wussten aus Erzählungen von den Praktiken der Sangoma, dass sie keinen Unterschied machten zwischen „gut und böse".

Du hast ihnen Geld oder ein Huhn gebracht, wenn sie deine Tochter heilen sollten, aber sie nahmen auch das Gleiche, wenn du deine Nachbarin loswerden wolltest. Ich erinnere mich gut, es kursierte das Gerücht damals, dass Schwangere getötet wurden, um aus dem Embryo ein Muti, einen Zauberfetisch zu machen, vielleicht für eine Frau, die nicht schwanger werden konnte. Das war nicht einfach so erfunden worden. Es wurden tatsächlich tote

Schwangere gefunden, und die Zeitungen berichteten in allen grausamen Einzelheiten darüber. Bis heute hält sich der Glaube im südlichen Afrika, dass ein Mann sich von HIV/AIDS heilen kann, wenn er mit einer Jungfrau Sex hat. Das führt dazu, dass manchmal kleinste Mädchen vergewaltigt und mit HIV infiziert werden.

Auch in Kamerun gab es immer wieder Geschichten, die sich haarsträubend anhörten, durchaus aber auch von gebildeten Menschen erzählt wurden. Wir kannten einen Französischlehrer, den wir sehr schätzten, der uns gegenüber immer behauptete, sein Großvater, ein Schamane, könnte sich nachts in einen Panther verwandeln. Oder die Geschichte von einem Zauberer, der sich nachts immer in ein Schwein verwandelte und in den Gärten der Nachbarn fraß. Eines Nachts konnte er sich nicht rechtzeitig zurückverwandeln, und so trägt er bis heute ein Schweinegesicht.

Wenn ich auf dem Markt war, habe ich mir manchmal die Stände der Nangas (lokale Schamanen in Kamerun) angeschaut. Das Sammelsurium von getrockneten Tierteilen hat mich immer kopfschüttelnd zurückgelassen.

Alles, was ich bis zu dieser Nacht über Schamanismus wusste, basierte auf diesen befremdenden Erfahrungen. Für mich waren die meisten Schamanen unaufgeklärte Kurpfuscher, die noch im Mittelalter zu Hause waren und mit ihrer Macht die Menschen in Angst und Schrecken hielten. Es gibt aber auch viele wunderbare Ausnahmen, zum Beispiel Mai Mugani, die ich 2002 in Simbabwe traf.

Heute, mit meinem Wissen über Homöopathie,

Kräuterkunde und Schamanismus, kann ich oftmals besser verstehen, was sich hinter all diesen Heilansätzen verbirgt und auch zwischen dunkler und lichtvoller Praxis unterscheiden.

Irgendwann, irgendwie schlief ich wieder ein. Da hatte ich einen seltsamen Traum. Ich träumte von einem Buch über den Dalai Lama, mitsamt dem Titel: „Die Vision des Dalai Lama" von Claude Levenson[1]

Am Morgen trat ich in Aktion. Ich wusste, dass es den Dalai Lama gibt, hatte aber noch nie etwas über ihn gelesen. Ich ging also in einen Buchladen vor Ort und fragte zaghaft nach diesem Buch. Ich hatte berechtigte Sorge, mich lächerlich zu machen. Umso größer war mein Erstaunen, dass das Buch vorrätig war! Ich machte mich zielstrebig nach Hause auf, ließ Haushalt, Haushalt sein und fing an zu lesen. Ich war höchst erfreut über die Ausbeute. In diesem Buch fand ich so viele Antworten auf spirituelle Fragen, mit denen ich damals eine ganze Weile schwanger ging.

Meine Gedanken kehrten immer wieder zu dieser Botschaft aus der Nacht zurück. Wenn das Buch so stimmig und richtig ist, vielleicht ist es der Schamanismus auch?!

Zwei Tage später besuchte ich meine liebe Nachbarin, um ihr von meinem Traum zu erzählen. Sie ist Psychotherapeutin – und ich hielt die Luft an, als ich auf ihrem Küchentisch folgenden Flyer sah: Foundation for

---

[1] „Die Vision des Dalai Lama", von Claude Levenson, Heyne Verlag, 1994

Shamanic Studies, Anmeldung zum Basisseminar mit Paul Uccusic in Neu-Ulm im Mai 1994! Ich ließ mich schwer auf ihre Eckbank fallen. Ich war sprachlos. Meine Nachbarin und ihr Mann waren im Begriff, sich dort für ein Basisseminar anzumelden, und natürlich wusste ich sofort, dass das meine Gelegenheit war, diesem „Weckruf" zu folgen. Ich erzählte ihr von meiner seltsamen Erfahrung und sie erklärte sich sofort bereit, mich nach Neu-Ulm mitzunehmen.

Das einzige Hindernis war die Finanzierung. Mit unseren fünf ständig wachsenden Kindern stellten allein die Kosten für Kleidung im Frühling und im Herbst, immer große Herausforderungen dar. Mein Mann und ich hatten uns von Beginn unserer Ehe dafür entschieden, dass einer zu Hause bleiben würde bei den Kindern. Der „Eine" war immer ich, und der „Andere", der für das Dach über dem Kopf und den vollen Kühlschrank sorgte, war immer er. Mit seinem Verdienst als Angestellter kamen wir letztlich gerade so über die Runden. Ich hatte meinem Mann natürlich von der nächtlichen Erfahrung erzählt. Wir beratschlagten nicht lange. Für ihn und für mich war klar, dass das die richtige „Investition" und der richtige Weg waren.

An jenem glorreichen Wochenende im Mai 1994, bei Paul Uccusic in Neu-Ulm, traf ich auf mein Krafttier und meinen Geistführer, nach langer Zeit, wie mir schien. *Es war wie ein nach Hause kommen.*

Ein Jahr später meldete ich mich zum Seelenrückhol-Seminar bei der amerikanischen Lehrerin Sandra

Ingerman an, die Fachfrau in Seelenrückholung und Neo-Schamanismus. Es fand statt in Lugano in der Schweiz. Es dauerte fünf Tage und übertraf unsere finanziellen Möglichkeiten. Ich lieh mir das Geld von meinem Vater, denn mir war klar, ich musste dort hin.

Als Sandra in den Raum kam und zu sprechen begann, war ich überwältigt und berührt. Sofort erkannte ich „die Stimme in der Nacht", die mich gerufen hatte! Ich ging auf sie zu und fragte sie, was sie nachts in deutschen Schlafzimmern zu suchen habe, und erzählte ihr, was sich vor einem Jahr zugetragen hatte. Sie hob lachend beide Arme und meinte: „Das war ich nicht, das waren die Geister!"

Wir fühlten auf Anhieb eine Herzensverbindung, die bis heute besteht.

Nach jenem Seminar begann ich zaghaft, mein neues Wissen in mein Leben zu integrieren. Verwandte und Freunde waren die ersten „Versuchskaninchen". Nach einem Jahr ging das Klientel schon über diesen Kreis hinaus. Es sprach sich ganz langsam herum, wie ich arbeite und dass die schamanische Arbeit hilft. Jedes Seminar der Foundation for Shamanic Studies, welche ich nun fast zweimal jährlich besuchte, wurde von immer genau so vielen meiner Klienten finanziert, wie ich zur Finanzierung dieses Ausfluges in die geistige Welt brauchte, ohne das Familienbudget zu belasten. Dafür war ich ausgesprochen dankbar. Da ich keine Werbung machte, blieb mein Wirken mehr im Verborgenen. Langsam, langsam, fanden immer mehr Menschen den Weg zu mir, sodass ich

1998 offiziell ein Gewerbe anmeldete: Schamanische Lebensberatung!

Nach meiner Rückkehr vom Seminar über Seelenrückholung, fing ich eine Ausbildung als Heilpraktikerin an. Mir war bekannt, dass das geistige Heilen in Deutschland damals noch illegal war. Also bemühte ich mich um den staatlich anerkannten Beruf der Heilpraktikerin, der es mir erlauben würde, die Menschen auch anzufassen und zu heilen. Kurz vor der Prüfung, nach drei Jahren intensiven Lernens, hatte ich einen sehr aufschlussreichen Traum.

> *Ich stehe umringt von meinen Krafttieren, Geistführern und Ahnen. Ich trage ein kurzes Bolero-Jäckchen, mit Aesculap-Stäben als Muster, das Symbol der Mediziner. Meine Verbündeten biegen sich vor Lachen und klopfen sich auf die Schenkel vor Heiterkeit. Bärin tritt vor und sagt: „Und du glaubst, jetzt bist du sicher!" Ich ziehe daraufhin das Jäckchen aus und werfe es im hohen Bogen weg.*

Am nächsten Tag teilte ich meiner Lehrerin mit, dass ich nicht an der Prüfung teilnehmen würde.

Die Ausbildung hat mir sehr viel Wissen gebracht, aber ich wusste auch, dass ich so nicht arbeiten wollte. Ich war derart erleichtert und meinen Verbündeten so dankbar, mich nicht noch ein halbes Jahr hinsetzen zu müssen, um nur zu pauken und zu pauken. Dazu hatte ich auch gar keine Zeit mehr. Ein siebenköpfiger Haushalt wollte versorgt sein, die Kinder brauchten meine Aufmerksamkeit und es kamen mehr Klienten.

EIN WIEDERSEHEN MIT BÄRIN UND GEISTFÜHRER

 Die Trommel von Paul Uccusic dröhnt in monotonem Rhythmus durch den großen Raum. Um die 30 Leiber liegen auf dem Rücken auf dem Boden. Wir haben alle einen Arm über die Augen gelegt, wie es Michael Harner, der Gründer der Foundation for Shamanic Studies (FSS), gelehrt hat. Auch ich gehöre dazu. Paul hat uns bereits instruiert, wie wir unseren Kraftplatz in der Mittleren Welt finden können.

Ich komme mir sehr unwissend vor in dieser Runde. In den Vorstellungsgesprächen war weder eine „professionelle" Hausfrau dabei, noch jemand, der nicht mindestens alles über Carlos Castaneda (wer?) oder andere schamanische Literatur gelesen hat. Paul selbst hatte schon ein Buch darüber geschrieben mit dem Titel: „Der Schamane in uns". Nicht einmal davon wusste ich, wie peinlich. Ich bin die schamanische Jungfrau im Seminar.

Paul hatte uns zuvor die dreigeteilte Welt der schamanischen Kosmologie erklärt, die Untere, die Mittlere und die Obere Welt, dargestellt am Weltenbaum. Die Untere Welt wird durch die Wurzeln repräsentiert, die Mittlere

Welt durch den Stamm und die Obere Welt durch die
Äste und Zweige. Die indigenen Schamanen bewegen
sich immer an dieser Achse entlang in die verschiedenen
Welten. Und nun sind wir an der Reihe, dem ausgetrete-
nen Pfad unserer Ahnen zu folgen.

*Ich spüre sofort die lehmige, kühlende Erde an
meinen nackten Füßen. Ein Pfad schlängelt
sich durch eine üppige Blumenwiese. Die Sonne
scheint hell und freundlich. Der Wind streichelt
sanft meine Haare und meine Haut. Ich bin auf
einer Hochebene, die sich fast bis zum Horizont
erstreckt. In der Ferne sehe ich einen markan-
ten Baum, einen Baobab, der seinen voluminö-
sen Leib in den Himmel streckt. Ich liebe diesen
Baum vielleicht deshalb so sehr, weil er als einziger so aussieht, als strecke er seine Wurzeln in
den Himmel. Daneben liegt ein einzelner, rund
geschliffener Felsblock. Der Pfad, auf dem ich
mich befinde, führt genau dort hin. Der Felsblock
entpuppt sich als mannshoch und ist umgeben
von weiteren Brocken. Der Baum ragt riesig vor
mir auf und ist uralt. Ich laufe um ihn herum,
spüre seine rissige Haut und freue mich über
seine starke Ausstrahlung. Es bräuchte einige
Arme, um ihn zu umspannen. Ich setze mich auf
einen kniehohen Felsbrocken und lehne mich an
den großen Felsen. Die ganze Landschaft erinnert mich an Swasiland in Afrika, wo es mit*

*das älteste Gestein der Erde gibt. Mir fällt auf,
dass es auf dieser Hochebene kein Wasser gibt.
Da ich Wasserfälle mit ihren Pools liebe, denen
ich häufig in Afrika begegnet bin, schaffe ich
mir mit einem Gedanken einen wunderschönen
Wasserfall an diesem Platz. Der Aufprall des
Wassers zaubert funkelnde Regenbögen hervor,
und der Pool ist groß und tief genug, sodass ich
wunderbar darin schwimmen kann, um mich zu
erfrischen. Da wir noch den Auftrag haben, uns
nach einem möglichen Einstieg in die Untere
Welt umzusehen, schaue ich mich neugierig suchend um. Am einfachsten erscheint es mir, an
den Wurzeln des Baobabs hinabzusteigen, oder
durch den Pool nach unten zu tauchen. Es man-
gelt nicht an Möglichkeiten. Ich bin so schnell
fertig mit meinem Auftrag, meinen Kraftplatz
zu finden und nach einem Einstieg in die Untere
Welt zu suchen, dass ich noch lange an diesem wunderbaren Ort schwimmen und in der
Sonne liegen kann. Beim abrupten Wechsel des
Trommelschlages gehe ich den gleichen Pfad
wieder zurück, den ich gekommen bin.*

„Das habe ich alles erfunden, das habe ich mir einge-
bildet, das habe ich halluziniert!", ist die ernüchtern-
de Bilanz meines ersten Vorstoßes in die Geistige Welt.
Ich weiß nicht recht, was ich von meiner blühenden
„Phantasiereise" halten soll. Nicht, dass mir dieser Ausflug

keine Freude bereitet hätte. Aber im Austausch mit der Gruppe über die erste Reise wird mir schnell klar, dass es den anderen nicht besser ergangen ist. Paul meint ganz lapidar, dass wer sich an seinen letzten Urlaub erinnern kann, sich auch auf geistige Reisen begeben kann.

War es wirklich so einfach? Ich darf lernen, dass er recht hat.

Nun ist die zweite schamanische Reise an der Reihe. Wir sollen uns, von unserem Kraftplatz aus, durch einen dunklen Tunnel unter die Erde bewegen und am Ende des Tunnels – in einer hellen Naturlandschaft – unserem Krafttier begegnen. Wichtig bei alledem sei, immer die Absicht im Bewusstsein zu behalten, befeuert von der Vorfreude, sein Krafttier treffen zu wollen, denn, so Paul Uccusic, die Absicht sei es, die uns führt. Es reiche schon, wenn wir vier Aspekte des Tieres wahrnähmen, wie ein Auge, eine Kralle, das Fell oder eine Feder, so wie es auch die Lakota Indianer lehren. Wir könnten auch ganz direkt fragen: „Bist du mein Krafttier?"

Nachdem wir uns wieder zur Reise auf den Rücken gelegt haben, Arm über den Augen, fängt die Trommel wieder unerbittlich schnell zu tönen an.

Dieser Trommelschlag ist mir bis heute wie ein Motor, der mich zu immenser Schnelligkeit antreibt. Dabei hat dieser schnelle Rhythmus nur die Absicht, unsere Gehirnwellen zu verändern, sodass wir mit den sogenannten Alpha- oder Thetawellen in einen traumähnlichen Zustand oder Trance gelangen.

Ich renne in einem Affentempo den Pfad über die Wiese zu meinem neu gewonnenen Kraftplatz und mache mich daran, eine Wurzel des Baobabs hinunterzusteigen. Aber Pustekuchen! Vor mir tut sich ein tiefer, staubiger Canyon auf, der sehr steil nach unten führt, aber oben offen ist. Was nun? Das ist doch verkehrt! Wo ist mein Tunnel?

Am Eingang des Canyons steht ein geflügeltes Pferd – Pegasus! Ich frage ihn: „Bist du mein Krafttier?" Gleichzeitig denke ich, das kann er gar nicht sein, weil ich mich ja noch nicht nach unten bewegt habe.

Pegasus schüttelt seine prächtige Mähne und bedeutet mir aufzusteigen. Ich folge seiner Anweisung, obwohl ich in der Alltäglichen Wirklichkeit Angst vor diesen großen imposanten Kraftpaketen habe. Kaum sitze ich auf seinem Rücken, tänzelt Pegasus den glutheißen Canyon hinunter. Wir sollen doch durch einen Tunnel hindurch, das war doch die Aufgabe. Links und rechts des Weges kriechen Unmengen von Klapperschlangen vorbei. Die will ich erst gar nicht fragen, ob sie meine Krafttiere sind!

Am Fuße des Canyons fließt ein kleiner Fluss, und es ist bedeutend grüner und kühler hier unten. Aus einer Höhle tritt eine Bärin ins Licht, gefolgt von fünf Bärenkindern. Wer hat jemals so etwas gesehen, fünf Bärenkinder auf einem Haufen! Pegasus bleibt abrupt stehen und lässt

mich absteigen. Ich gehe freudig auf „meine
Bärin" zu, und es fällt mir nicht im Traum ein,
sie zu fragen, ob sie mein Krafttier sei. Ich um-
arme sie, fühle ihr dichtes Fell und ihre Wärme
an meinem Körper und die Tränen der Freude in
meinen Augen. Auch sie zeigt ihre Freude über
das Treffen unverhohlen und wir kugeln über-
mütig im Gras. Sie widmet sich wieder ihren
Jungen und beißt den einen oder anderen von
sich weg. Ich sinniere über dieses Schauspiel
und frage mich, ob es nicht an der Zeit wäre, das
Gleiche mit meinen Kindern zu tun! Aber dazu
sind mir meine Kinder doch noch zu jung, ob-
wohl, manchmal ...

Ich nehme den sich plötzlich verändernden Trommelschlag
wahr, unser Rückholsignal von Paul, und Pegasus, der die
ganze Zeit friedlich neben mir gegrast hat, trägt mich
wieder den Canyon hinauf.

Ich bin froh, dass ich nicht durch das Tal der Klapperschlangen laufen muss, obwohl ich keine mehr sehe auf
dem Weg nach oben. Vom Kraftplatz aus trete ich den
schon bekannten Weg an über die Wiese zurück in meinen im Raum liegenden Körper.

Dieses Mal ist alles ganz anders. Ich weiß, mir wäre ein
Pegasus, der mich einen Canyon hinunter trägt, nie im
Leben in den Sinn gekommen. In meiner Vorstellung gab
es immer nur den Tunnel und die Landschaft, die ich

danach antreffen würde. Auch dass mich die Begegnung mit Bärin so berühren würde, lag außerhalb meiner Vorstellungskraft. Außerdem hatte ich einen Adler als Krafttier erwartet. Aber die ganze Begegnung: so plastisch, so echt!

Ich bin glücklich über meine erste Begegnung mit Bärin. Sie hat mir sogar ihren Namen verraten: Elli! Den Namen finde ich nicht sehr beeindruckend, aber, na gut, so heißt sie tatsächlich noch heute!

Später am Abend, bei der Reise in die Obere Welt sollen wir unseren Geistführer oder Geistführerin treffen. Pauls Worte sind sehr ermunternd und klar.

Als seine Trommel losdonnert, bin ich schon auf halbem Weg zu meinem Baobab. Ich habe mir vorgenommen, auf den Baum zu klettern und über seine Äste die Wolken zu erreichen, auf die ich dann springen will, um so an die Schwelle zur Oberen Welt zu gelangen.

Denke ich!

Schon von Weitem sehe ich Pegasus unter dem Baum. Er grast friedlich und scheint auf mich zu warten. Woher weiß er, dass ich komme? Er bedeutet mir wieder – in seiner ruhigen und natürlichen autoritären Art – aufzusitzen.

Und schon geht der Flug nach oben los. Pegasus landet sanft direkt vor der von Paul beschriebenen Membrane, den Eingang zur

Oberen Welt, die ich auch wirklich leicht durch-stoßen kann. Ich brauche eine lange Weile, um das zu verdauen, was sich mir offenbart.

Dort an der Schwelle sitzt ein furchteinflö-ßender gigantischer Höllenhund, der seine rie-sigen Zähne fletscht. In einiger Entfernung, aber gut sichtbar, steht Marillion und winkt mich freundlich herein. Marillion, mein Geistführer?

Vor mindestens sieben Jahren hatte ich von ihm geträumt. Im Traum wurde mir eine Reihe von Vorfahren gezeigt, wie in einem Daumenkino. Alle waren sie Heiler und Eingeweihte. Der erste Marillion, ein Alchemist, trägt einen Sternenmantel und einen spitzen Hut, wie eine Schultüte, auch sie mit dem Sternenhimmel übersät. Darunter stehen sein Name und die Jahreszahl 1305. Das Deckblatt ist noch leer, und ich verstehe im Traum, dass das mein Platz ist, den ich mir aber erst noch verdienen muss.

So manches Mal hatte ich seither an ihn ge-dacht, aber nun bin ich doch vom Donner ge-rührt und stehe ungläubig und verängstigt vor der Schwelle. Marillion kommt mir keinen Zentimeter entgegen, bietet mir keinen Schutz gegen den zähnefletschenden Höllenhund. Ich habe im Alltag eine ausgeprägte Angst vor Hunden, aber diese Bestie übertrifft alles, was ich mir je darunter vorgestellt habe. Der Sabber läuft ihm aus dem Maul. Er ist nicht angekettet, kann aber offensichtlich nicht über die Schwelle zu mir heraus.

Marillion strahlt Sicherheit, Liebe und Zuversicht aus und winkt mir immer wieder zu. Mir wird plötzlich klar, dass ich ja gar keinen leiblichen Körper habe und so wage ich mich über die Schwelle, meine Augen fest auf Marillions Augen geheftet. Der Höllenhund fällt mich von der Seite an und reißt mich in vier Stücke. Ich spüre ein kurzes Grauen, aber das Band zwischen Marillions und meinen Augen scheint mich wie magisch zu ihm hinzuziehen. Ich falle ihm erleichtert und glücklich in die Arme. Ich fühle mich stark und neugeboren durch diese Erfahrung, als hätte ich einen Schritt zu einer Meisterschaft gemacht. Ich beklage meine Ignoranz vor Marillion. Wie konnte ich nicht erkennen, dass er schon Jahre wie ein Engel an meiner Seite steht und mich führt?

Aber er tröstet mich und heißt mich willkommen in der Oberen Welt. Wir unterhalten uns noch eine Weile über Familienangelegenheiten bis mich die Trommel von Paul zurückruft. Ich bedanke mich von Herzen bei meinem alten und neuen Geistführer und trete zutiefst berührt und befreit den Rückweg an. Der Höllenhund liegt friedlich am Eingang und wedelt mit dem Schwanz. Ich liebe ihn dafür, dass er mir geholfen hat, meine Angst zu überwinden.

Als ich im Kreis von meinen Erfahrungen berichte, kommt anerkennendes und überraschtes Flüstern und Raunen auf. Mir wird erklärt, dass ich eine spontane schamanische Zerstückelung erlebt habe, was wohl mehr den erfahrenen Schamanen begegnet. Heute weiß ich, dass eine Zerstückelung immer wie eine Runderneuerung auf allen Ebenen wirkt, bis hinein in jede Zelle. Ich habe sie inzwischen schon einige Male erlebt und setze sie mit Absicht auch in verschiedenen Seminaren ein.

Ich erinnere mich an eine besondere Zerstückelung bei einem Seminar, bei der zwei neue, tief geachtete und geliebte Geistführer auftauchten, Zeni und Geka, ein Paar des Volkes der San (verächtlich „Buschmann") im südlichen Afrika. Wir reisten mit der Absicht, von der geistigen Welt zerstückelt zu werden.

Ich finde mich in einer Wüste wieder. Die Namib fällt mir ein. Durch diese Wüste war ich in der Alltäglichen Wirklichkeit schon einmal von Swasiland aus gereist.

Ich lege mich ergeben, alle Viere von mir gestreckt, in den Wüstensand und bitte aus tiefstem Herzen um eine Zerstückelung. Zuerst taucht ein Löwe auf und reißt große Fleischteile aus mir heraus. Hyänen folgen ihm und fressen an mir weiter, das Geräusch der knackenden Knochen jagt mir Schauer durch den Körper. Als die Hyänen satt sind, landen Geier, die schon lange über mir kreisen, neben meiner zerfledderten Form und picken sauber die Knochen ab und die Augen aus. Das ist ein Moment lang ein sehr unangenehmes Gefühl. Es bleibt noch genug für die Ameisen, nicht den geringsten Krümel an mir lassen sie übrig. Mein blank geputztes Skelett liegt in der heißen Sonne, der Wind weht Sandkörner durch mein Gerippe.

Eine gespenstische Stille umgibt mich, die ich noch heute fühlen kann. Nur Wind, Sand und Sonne. Ich stelle mir ernsthaft die Frage, wie ich je wieder zusammengesetzt werden kann. Mit den Sorgen bleibe ich allein. Die Zeit dehnt sich, und ich habe das Gefühl, dass erst nach einer Ewigkeit meine Rettung naht. Schon von Weitem höre ich Stimmen und Gelächter mit dem Wind zu mir herüberfliegen. Und dann stehen sie neben mir, zwei runzelige, kleine San-Menschen mit einem heiteren Lächeln im Gesicht. Sie schauen auf mich herab, als könnten sie meine Ganzheit wahrnehmen, und doch auch nur die Knochen. Jeder hat einen Stab in der Hand und ist nur mit einem Lendenschurz bekleidet.

Es sind eine Frau und ein Mann. Sie sprechen in ihrer unnachahmlichen Klicksprache, aber ich verstehe, was sie meinen. Sie tragen mein Skelett liebevoll an den Strand des Atlantischen Ozeans. Dort wälzen sie das Skelett immer wieder im Sand, wodurch sich wunderbarerweise *wieder Fleisch bildet. Immer wieder tauchen sie mich in den Atlantik ein. Es erinnert mich an das „Kuchenbacken" im Sandkasten! Als ich mit Haut und Haar wieder hergestellt bin, entfachen sie ein Feuer und ich sitze mit ihnen und nehme ihre bedingungslose Liebe wie Nahrung in mir auf.*

Noch heute sind sie bei mir, meine und unser aller Urahnen. Selbst die Wissenschaft hat inzwischen festgestellt, dass wir der DNA der Sanvölker entstammen. Sie sind inzwischen fast ausgerottet, ihre Kultur untergegangen und sie sind gezwungen, ein unwürdiges Leben zu fristen.

So erbärmlich gehen wir mit unseren Großmüttern und Großvätern um!

Zurück zum Basisseminar

Paul unterrichtet uns noch in einigen anderen Disziplinen. Mir fällt auf, dass ich nicht die geringste Mühe mit dem schamanischen Reisen habe. Es ist so selbstverständlich, so einfach, so umwerfend direkt! Und ich bin immer lange vor dem Rückholsignal fertig. Ob ich da wohl etwas falsch mache? Es war gut, dem Austausch über die Reisen zu lauschen. Ich stelle fest, dass jede Reise so einzigartig ist, wie der Mensch, der sie unternimmt. Es gibt nichts zu vergleichen. Jeder erfährt seine eigene mystische Welt auf seine eigene souveräne Art und Weise. Dieser Aspekt der

Bewusstseinsreise gefällt meinem Freigeist ganz besonders. Ich kann die geistige Welt erkunden ohne Dogmen, ohne Einschränkungen, frei fliegen und Großartiges erfahren!

Paul Uccusic hat den Samen gesät. Ich will unbedingt noch mehr in das schamanische Bewusstsein hineinwachsen, mich dort für immer verwurzeln!

Engel des Ewigen Lebens

Die vierte Kommunion haltet
mit dem Engel des ewigen Lebens,
der die Botschaft der Ewigkeit
dem Menschen bringt.
Denn wer mit den Engeln wandelt
soll lernen, über den Wolken zu schweben,
und seine Heimat
soll im ewigen Meer sein,
wo der geheiligte Lebensbaum steht.
Warte nicht, dass der Tod
das große Geheimnis enthüllt.
Wenn ihr euren Himmelsvater nicht kennt,
solange eure Füße im Staub gehen,
wird es für euch nichts als Schatten im
künftigen Leben geben.
Hier und Jetzt wird das Geheimnis enthüllt.
Hier und Jetzt wird der Vorhang gehoben.
O Mensch, hab keine Furcht!

Halte dich fest an den Flügeln des
Engels des ewigen Lebens
und schwing dich hinauf zu den Sternen,
dem Mond und der Sonne
und dem endlosen Licht,
die in immer wiederholenden Runden
auf ewig ihre Kreise ziehen,
und fliege dem Himmlischen Meer
des ewigen Lebens entgegen.

Gibt es schönere und treffendere Worte als Aufruf zum mystischen Seelenflug, der sicher so alt ist wie die Menschheit?[2]

---

[2] Aus: Die Unbekannten Schriften der Essener, Edmond Bordeaux Székely, Verlag Bruno Martin, 1988

WELTENBAUM – WO DER GEIST WEHT

Der Baum des Lebens, der Weltenbaum, ist für mich das innerste Gewahrwerden der ewigen und unendlichen Wahrheit. Der schamanisch mystische Pfad ist der direkte Weg dorthin.

Ich erfreue mich unglaublich tief greifender Erfahrungen, die ich in den vergangenen zwanzig Jahren auf meinem mystischen Lebensweg gesammelt habe. Kleine und große Wunder lagen für mich auf diesem Pfad bereit. Aber ein Wunder ist nur die Fähigkeit, mit einer höheren Macht zu verschmelzen! Und diese Fähigkeit trägt jeder Mensch in sich.

Viele sagen zu mir: „Hast du immer ein Glück!" Und ich antworte: „Das ist kein Glück, ich arbeite mit meinen spirituellen Energien und Helfern in der Geistigen Welt!" Ich kann auf einen unendlichen geistigen Freundeskreis zurückgreifen: Krafttiere, Geistführer, Ahnen, Kraftpflanzen, Kraftsteine, Engel. In Kurzform ist das für mich das Christusbewusstsein in seinen individualisierten Ausprägungen.

Mein Vertrauen in Krafttiere und Geistführer wächst unaufhörlich. Es bringt Freude, Glück und Ruhe in meinen Alltag.

Es ist mir ein großes Anliegen, mit Dir das zu teilen, was mir auf meinem Lebensweg so immens geholfen hat. Vielleicht kann es auch Deinen Weg bereichern.

Jeder soll es wissen, jeder kann es anwenden. Ich bin überzeugt, dass die zukünftige Glaubensform eine sehr persönliche sein wird, ruhend auf eigenen, direkten spirituellen Erfahrungen. Und das ermöglicht die mystische Bewusstseinsreise. Es gibt genügend Literatur und Seminare darüber. Auch ich biete sie an.

In diesem Buch soll es aber ganz praktisch um das Erlebte gehen, welches das schamanische mystische Bewusstsein bewirken kann. Ich habe eine kleine Weile mit mir gerungen, ob das Schreiben des Buches nun eine Egofalle oder wirklich ein göttlicher Ausdruck ist, geboren aus dem Wunsch, vielen Menschen über dieses nützliche Handwerkszeug auf dem Weg zur Einheit zu berichten. Ich habe aufgehört, mir darüber „einen Kopf zu machen" und einfach geschrieben.

Wir kommen alle aus der gleichen göttlichen Quelle. Über 2000 Jahre ist uns vermittelt worden, dass wir Erdlinge sind, „arme Würmer", die im Staub kriechen sollen, die sich ständig anstrengen und kämpfen müssen, um vielleicht einmal eine spirituelle Erfahrung machen zu können. Die Wahrheit liegt diametral entgegengesetzt!

Wir **sind** in allererster Linie göttliche Geistwesen, spirituelle Wesen, die gerade eine **menschliche** Erfahrung machen! Das verlagert den Fokus von der materiellen Welt auf die spirituelle Welt. Unsere Welt war so viele Jahrhunderte auf den Kopf gestellt.

Schon Jesus Christus hat vor 2000 Jahren gesagt, dass der Himmel oder der Vater in uns ist, und wenn wir uns dorthin wenden, bekommen wir alles andere dazu geschenkt!

Aber wir rackern uns ab und kämpfen im Außen, ohne Freude, ohne Glück, ohne das Gefühl der Fülle. Wenn wir zuerst anerkennen, dass der Geist die Quelle allen Lebens ist, dann werden auch Seele und Körper ernährt, dann ist für das Emotionale und Materielle gesorgt.

Der Mensch ist wie ein Baum, durch die Wurzeln sind wir mit der Erde verbunden, und mit den Ästen wurzeln wir im Himmel – nur machen wir keinen Gebrauch davon. Unsere Äste und Zweige hängen nach unten, sind dürr und vertrocknet. Welcher Mensch würde sich freiwillig seine Arme amputieren lassen? Wir haben uns trennen lassen von einer unendlichen Kraft und machtvollen Ausdehnung, die in Wahrheit unser Geburtsrecht ist, denn wir sind an erster Stelle Geist und kommen aus der geistigen Welt. Wir sind ein individualisierter Ausdruck der Quelle, des EINEN.

Durch das Wissen um Krafttiere und Geistführer, um Elfen und Steingeister und um meine Ahnen habe ich meine Äste wieder in den Himmel wachsen lassen und mich dort, in meinem wahren Zuhause, verwurzelt. Meine Wurzeln zum Himmel sind wieder grün und saftig und entwickeln sich ständig. Das bringt Lebendigkeit,

Leichtigkeit, Freude und Glück in mein Leben, ohne jede Anstrengung.

Der Schamanismus ist keine Religion, sondern eine Ebene der unmittelbaren spirituellen Erfahrung. Das macht ihn so wertvoll und kraftvoll. Es ist keine Technik, sondern ein Lebensweg, der Weg zur direkten Offenbarung. Die Schamanen sind die Ur-Mystiker, die Wissenden um Energie, Kraft und Harmonie und deren archaische Erscheinungsformen. Jede Religion ist dieser Ur-Mystik entsprungen, nur wurde sie stark monopolisiert, dogmatisiert und der direkte Zugang zu ALLEM-WAS-IST dem Einzelnen verwehrt. Der Priester wurde zwischen Gott und die Menschen geschoben. Die Kabbalisten im Judentum, die Sufis im Islam, unsere christlichen Mystiker, sie alle hatten nicht nur einen schweren Stand als Mystiker in ihrer jeweiligen Religion, sie wurden oft sogar verfolgt und getötet.

Es scheint, als meide selbst der Heilige Geist diese dogmatisierte und verbogene Form des Glaubens, denn nicht umsonst leeren sich die Kirchen, in denen der Gott-Mensch degradiert wird zu einem schuldbeladenen Sünder. Ich wurde als Kind und junger Mensch sehr geprägt von dieser Bürde in einem erzkatholischen Haus. Als ich anfing, selbstständig zu denken und mehr und mehr meinem Gefühl gehorchte, wandte ich mich von der Kirche ab. Aber das Gottesgefühl habe ich wohl schon mit der Muttermilch eingesogen, und dafür bin ich sehr dankbar.

Ist es nicht erstaunlich, dass mich der Schamanismus

wieder zurückgebracht hat zu Engeln und Heiligen, Jesus, Christus, Maria und Gott?

Und ich durfte erkennen, dass ich durch meine schamanischen Bewusstseinsreisen mit der visionären Welt einer Theresa von Avila, einer Hildegard von Bingen, eines Meister Eckhard, und wie unsere bekannten und unbekannten Mystiker noch alle heißen, aufs Tiefste verbunden bin.

Die Schamanen aller Völker und Zeiten kannten diese Welten, lange bevor es eine Religion gab. Sie veränderten ihr Bewusstsein mit monotonen Gesängen, Trommelrhythmen, Rasseln, Tänzen oder auch bewusstseinsverändernden, so genannten Wächterpflanzen. Dadurch konnten sie aus der Alltäglichen Wirklichkeit aussteigen und in die Nicht-Alltägliche Wirklichkeit eintreten. Ich bin inzwischen überzeugt, dass wir permanent in einem „veränderten, illusionären Bewusstseinszustand" verweilen, der uns von dem einen, wahren Bewusstseinszustand der Göttlichkeit trennt.

Das Krafttier ist Ausdruck unserer Urkraft, mit der wir geboren sind. Es ist eine spirituelle Energie, die unser Erbe ist, mitgebracht aus der geistigen Welt auf diese Erde, um unser Leben hier mit Kraft und Be**geist**erung zu leben. Wenn wir diese spirituelle Kraft immer wieder nutzen, dann verstärkt sich unsere Intuition, unser Instinkt wächst und selbst unsere Immunabwehr läuft auf Hochtouren. Unsere Wahrnehmung und Achtsamkeit verfeinert sich ohne Anstrengung. Wir hören die Stimme unseres Herzens immer lauter und haben den Mumm, ihr auch zu folgen. Alle indigenen Schamanen, alle Neo-Schamanen und alle Schamanischen Praktiker nehmen diese Energie in Form eines Tieres wahr.

Hast Du Dich noch nie gefragt, warum bis auf den heutigen Tag ein Neugeborenes eine Rassel bekommt und ein Kuscheltier?

Ist das vielleicht ein uraltes Relikt aus der Kosmologie der Urvölker und Schamanen? Bei uns sind die Krafttiere nur noch als Wappentiere übrig geblieben. Das Krafttier der Deutschen ist ein Adler.

Er hängt im Bundestag groß an die Wand genagelt. Oft schon habe ich darum gebeten, dass er sich erhebt und unseren Volksvertretern durch Geist und Herz gleiten möge, um sie in Ganzheit und Harmonie wirken zu lassen. Irgendwie scheint mir das noch nicht gelungen zu sein. Es bedarf unser aller Bewusstwerdung. Unser deutscher Adler hat Federn gelassen und ist entmystifiziert, entgeistert!

Wann und wie hilft mir nun mein Krafttier im Alltag? Seitdem ich um die Bärin an meiner Seite wusste, rief ich sie immer, wenn ich in Stress geriet, egal, um was es sich im Alltag handelte. Wenn ich unter Zeitdruck Kartoffeln geschält habe, fiel mir die Bärin ein und ich bat sie, mir zu helfen, damit das Essen rechtzeitig auf dem Tisch stand. Ich sandte die Bärin voraus, wenn ich in der Stadt auf einer Einkaufstour war und einen Parkplatz brauchte. Wenn ein schwieriges Gespräch mit meinem Mann oder mit einem Lehrer in der Schule anstand: Die Bärin kam und stärkte mich. In jeder Alltagssituation, ob Autosuche, Wohnungssuche, Prüfungen: Ich rief mein Krafttier und die Energie veränderte sich. Alles wurde einfacher, ruhiger, leichter. Selbst bei Krankheit war sie eine großartige Hilfe, sofort stärkte sich das Immunsystem.

Du kannst das Krafttier auf alle Krankheiten ansetzen, die Dir Schmerzen oder Kummer bereiten: Es wirkt als eine Jahrtausende alte bewährte Medizin.

Am Anfang nimmst Du diese Kraft vielleicht als etwas außerhalb von Dir wahr, aber über die Jahre der Vergegenwärtigung verschmilzt sie mit jeder Zelle in Dir. Heute sage ich: „Ich bin die Bärin!" Und ich muss sie nicht mehr rufen, denn ihre Präsenz ist permanent spürbar.

Vor etwa fünfzehn Jahren begegnete ich einer mir unbekannten Frau. Sie musterte mich eine Weile und fragte dann, was ich mit einem Bären zu tun hätte. Sehr verwundert über ihre Einsicht erklärte ich ihr, dass die Bärin mein Krafttier sei, worauf sie meinte, dass die Bärin aber schon viele Leben bei mir sein müsse, da sich eine Bärentatze in meiner Aura zeige. Mir wurde damals das erste Mal bewusst, dass die Energie eines Krafttieres über viele Leben unsere spirituelle Kraft sein kann.

Auf fast allen Kontinenten ist das Wissen um die Krafttiere noch lebendig, außer in Europa. Hier wurde es wohl mit den letzten weisen Frauen auf dem Scheiterhaufen der Inquisition verbrannt. Selbst in der Bibel gibt es eine Stelle, wo Josef als Sohn des Leoparden bezeichnet wird.

Für mich bedeutet das, dass der Leopard als Krafttier seines Vaters oder seiner Familie bekannt war.

Die chakassische Schamanin Tatjana, von der ich noch berichten werde, hat mich nur angeschaut und mir auf den Kopf zugesagt: „Dein Krafttier ist Bär und dein Geistführer ein nordamerikanischer Medizinmann!" Sie konnte mit „bloßem Auge" erkennen, was ich nur mithilfe der Trommel wahrnehme.

Da ich mich als Baum sehe, der seine Äste im Himmel und seine Wurzeln in der Erde hat, nehme ich meine Bärin als einen starken Hauptast dieses Baumes wahr. Ich bin die Bärin und fühle mich auf diese Weise verbunden mit der Geistigen Welt.

Ein zweiter Hauptast in die Geistige Welt ist der sogenannte Geistführer, die Geistführerin, der Seelenführer oder der Spirituelle Lehrer. Schon in der Bibel wird erwähnt, dass Gott jedem von uns ein Geistwesen zur Seite stellt, damit wir hier nicht alleine sind. Er hat uns aber auch den freien Willen gegeben, den auch unsere Geistige Führung respektieren muss. Sie bewahrt uns vielleicht vor den größten Katastrophen, bis unsere Mission hier auf der Erde erfüllt ist.

Ein Geistführer ist eher für den Intellekt und für das erwachende Bewusstsein „zuständig". Krafttier und Geistführer interagieren natürlich und sind Teil des Ganzen, dem wir angehören. So oft, wenn ich eine Reise für einen Klienten mache, treffe ich auf die Geistführer, „Däumchen drehend". Es sind oft Wesenheiten, die bereits einmal auf der Erde gelebt und ein sehr hohes Bewusstsein erreicht haben und in der bedingungslosen Liebe zu Hause sind. Es können indianische Medizinfrauen sein, tibetische Lamas, indische Gurus, christliche Heilige, keltische Merlins, oder aufgestiegene Meister, die sich bereit erklärt haben, uns aus Liebe zu uns zu führen. Es können auch Wesen aus unseren Mythen und Legenden sein, so genannte „Götter" wie Isis, Osiris, Ra, Inanna, Hermes, Pan, Odin, und so weiter. Manchmal sind es auch Engelwesen, die nie auf der Erde inkarniert haben. Es ist immer wieder berührend, sie an der Seite der Klienten wahrzunehmen.

Eine meiner Geistführerinnen ist Isis. Ich verbinde mich immer wieder mit ihr und vertraue auf ihre Führung. Ich bedanke mich bei ihr, dass sie da ist, wenn ich wesentliche Entscheidungen treffen soll. Ich ruhe im Vertrauen auf ihre Präsenz. Einmal, in höchster Not, habe ich sie mit offenen Augen wahrgenommen. Verzweifelt über meine Partnersituation war ich nur am Jammern. Sie erschien neben mir und sagte mit absoluter Autorität: „Steh' auf!" Und ich stand auf, ging in meine Kraft und mein Mann und ich haben die Krise gemeinsam überwunden.

Ein dritter starker Ast in die geistige Welt sind meine Ahnen. Dazu gehören die persönlichen Ahnen, von Mutter und Vater über Geschwister bis hin zu den Großmüttern und Großvätern über sieben Generationen hinweg. Das summiert sich zu zweihundertundzehn Jahre, dreiundsechzig Ahnen mütterlicherseits und dreiundsechzig Ahnen väterlicherseits. Ich bin die Spitze dieser

Ahnenpyramide und trage sie alle in meinem energetischen Feld. Das sind insgesamt vierundsechzig Ahnen, die meine Gesundheit, meine Träume, meine Kreativität, meine Gedanken, meine Konflikte und meinen Glauben beeinflussen!

Aber auch unpersönliche Ahnen zähle ich dazu: die Germanen, Kelten, Goten, Alemannen und viele andere Völker. Auch diese Geistwesen stehen mir mit ihrer Liebe und Kraft zur Verfügung.

Fast zehn Jahre Aufenthalt in Afrika ließen das Wissen um die Ahnen nicht spurlos an mir vorüber ziehen. Es wurde nie eine Flasche bei einer Feier oder Party geöffnet, wo nicht der erste Schluck auf den Boden gegossen wurde, eingedenk der Ahnen. Bei meiner Arbeit mit der geistigen Welt rückten mir die Großmütter und Großväter immer näher, bis sie so nahe waren, dass sie mir ein ganzes Seminar über die „Kraft der Ahnen" in die Feder diktierten.

Es ist das Seminar, in dem die meisten Taschentücher verbraucht werden, so bewegend ist es für die Menschen. Die Aussage: „Ich ahne etwas!", bezieht sich genau auf diese Verbindung, nur bleibt sie für die meisten Menschen unbewusst. Wie oft flüstern sie uns etwas zu, um uns zu schützen oder uns in die richtige Richtung zu lenken. Wie viele Geschichten gibt es in der Menschheit über diese Brücke zur Geistigen Welt, die sich oftmals als lebensrettend erwies!

Auch hier herrscht das gleiche Prinzip: Wenn wir sie bewusst in unseren Alltag integrieren, dann helfen sie uns, ihr spirituelles Erbe erfolgreich anzutreten. Denn wir erben tatsächlich von ihnen, seien es Glaubenssätze, Sehnsüchte oder ungelebtes Potenzial. Wir sind hier, um ihr Erbe zu transformieren. Dafür geben sie uns ihre Kraft, ihre Liebe und ihren Schutz.

Eines Tages fragte ich meine Großeltern auf einer schamanischen Reise nach meinem spirituellen Erbe. Das war vor etwa zehn Jahren. Wir suchten gerade ein Haus auf dem Lande. Ich muss dazu erwähnen, dass meine Vorfahren das Fürstentum Baden, das heutige Elsass eingeschlossen, um 1808 verlassen haben, um in Freiheit in Russland zu siedeln. Sie mussten sich sogar vom badischen Fürsten freikaufen, um wegziehen zu dürfen. Sie blieben nur zwei Generationen und wanderten weiter nach Rumänien, weil sie in Russland Militärdienst leisten sollten. Außerdem lag Russland im Krieg mit dem Osmanischen Reich. In Rumänien rasteten sie nur drei Generationen lang. Meine Eltern und Geschwister mussten Rumänien 1940 verlassen, als es für alle Dobrudschadeutschen hieß: „Heim ins Reich!" Erst nach zweiundzwanzig Jahren der Wanderschaft konnten sie sich wieder bleibend niederlassen. Die Antwort meiner Großväter, die mir Rede und Antwort standen auf meine Frage nach dem spirituellen Erbe, lautete:

„Freier Geist auf freier Scholle!"

Mein Mann und ich fanden unser Haus zwei Wochen

später, mit folgender Adresse: Freihof in Freiamt! Ich fühle mich diesem Geist der Freiheit und des Aufbruches zu neuen Ufern sehr verpflichtet, und er machte mir meine bisherige Lebensweise sehr bewusst. Ich war immer ein Freigeist und ging deshalb wohl schon von kleinauf ungewöhnliche geistige und weltliche Wege. So konnte ich mich zum Beispiel noch nie dafür erwärmen, zur Miete zu wohnen. Selbst mit drei kleinen Kindern und fast ohne Geld kauften wir uns vor Jahren eine altes, kleines, unrenoviertes Bauernhäuschen im Schwarzwald, ohne Toilette und mit nur einem Wasserhahn in der Küche. Ich habe immer gerne auf Komfort verzichtet, wenn ich dadurch mehr Unabhängigkeit leben konnte! Diese Wahl war nicht immer die einfachere!

Auch mit den Ahnen verhält es sich so, dass die Vertiefung der Beziehung und das Vertrauen in die Geistige Führung durch die Vergegenwärtigung ihrer Existenz entstehen. Meine Lehrerin Sandra Ingerman hat das immer so schön auf Englisch ausgedrückt: „Fake it, till you make it!" Übersetzt: „Tue so als ob, bis es klappt." Wir müssen dieser spirituellen Welt Vorschusslorbeeren verleihen, sonst erschließt sich uns diese Welt nicht. Hier gilt das Wort Jesus, des Christus: „Der Glaube versetzt Berge!" Es meint aber den „Glauben" im Sinne von absolutem Wissen und unerschütterlichem Vertrauen!

Ich empfinde Bärin als sehr erdig, zuständig für die „wichtigen" alltäglichen Angelegenheiten. Isis ist feingeistiger, subtiler, zuständig für die „wesentlichen" Angelegenheiten. Und ich lerne mehr und mehr zu unterscheiden zwischen *Wichtig* und *Wesentlich*.

Meine Ahnen helfen oft in den Angelegenheiten, bei denen es um die Transformation ihres spirituellen Erbes geht, in meinem Falle das freie und ungebundene Leben. Eines ist gewiss, ich ruhe mich nicht auf diesen Verbindungen zur Geistigen Welt aus. Meine Ahnen, meine Bärin, Isis, sie sind meine Helfer auf dem Weg zurück zur Quelle, zurück in die Einheit.

Alle großen spirituellen Traditionen und Meister erklären uns, dass Zeit und Raum eine Illusion sind. Diese Tatsache entzieht sich unserem Verstand, da er nur linear denken kann.

Für mein Weltbild bedeutet das, dass es keine „Wieder"-Geburt geben kann. Ich erkenne mich als multidimensionales Wesen, welches gleichzeitig in vielen Dimensionen zu Hause ist. Ich bin, zum Beispiel, gerade eine Waschfrau in Paris, nach unserem linearen Denken im Jahre 1570, ein Indianermädchen von vier Jahren am Amazonas im Jahre 1934, eine San-Frau im südlichen Afrika im Jahre 1833, und eine Heilerin in Europa im Jahre 2067, oder ein Sternenwesen auf den Plejaden 3099!

Wenn es Zeit und Raum nicht gibt, kann ich auch Reisen zu meinen Nachfahren machen und sie um Inspiration und Anregungen bitten. Unsere Nachfahren haben offensichtlich ein Wissen, welches auf unseren Erfahrungen aufbaut. Das scheint in sich ein Widerspruch, doch ihre Technik, Wissenschaft oder Heilmethoden sind den unseren weit überlegen. Ich kann sie zum Beispiel fragen, was ich heute tun kann, damit sich die Dinge fruchtbar in „ihre Zeit" hinein entwickeln. Es ist, als ob ich ein Steinchen in einen stillen See werfe. Die Welle, die ich erzeuge, dehnt sich in Kreisen ins Unendliche. Wir werfen dieses Steinchen täglich in das Meer des Bewusstseins, schon allein mit jedem Gedanken, jeder von uns. Nur tun wir es meist unbewusst und erkennen die Auswirkungen nicht.

Eines hat sich in meiner Praxis über die Jahre geändert. Ich bitte nicht mehr um Hilfe, denn in der Bitte liegt kein absolutes Vertrauen. Ich sage Dank für die spirituelle Präsenz der Verbündeten und die Hilfe, die mir aus ihr erwächst. Nur einmal am Tag, aus tiefstem Herzen zu sprechen: „Danke, dass Ihr da seid!" – das fällt wirklich leicht.

Es gibt ein indisches Sprichwort: „Der Mensch bringt jeden Tag sein Haar in Ordnung. Warum nicht auch sein Herz!"

Die spirituelle Praxis im Alltag kann ich meinen Klienten und Seminarteilnehmern nicht abnehmen, ich kann sie nur damit verbinden oder sie daran erinnern. Jeder darf in seine Macht treten und die Mystik des Alltags für sich selbst erfahren.

Oder eben auch nicht.

HUMMINGBIRD

 Im August 1999, im gemütlichen Sonnenhof bei Preda, in der grandiosen Albula Bergwelt, bin ich bei Carlo Zumstein auf einem Bergseminar in der Schweiz. Es geht um die Kraft der Berge, verbunden mit einer kleinen Visionssuche in einer Höhle. Wir wandern wunderschöne Pfade auf und ab, und Carlo bringt uns ganz praktisch das „Schamanische Wandern" bei: Wenn es bergauf geht, sollen wir ein energetisches Seil am höchsten Punkt vor uns befestigen, welches wir aus der Mitte unseres Bauches „abschießen". Und hinten schiebt das Krafttier!

Wir überwinden so mühelos Höhenunterschiede von 1200 m, ohne dass wir vor Anstrengung zusammenbrechen. Und wir sind fast alle keine geübten Wanderer. Vorgesehen ist von Carlo, dass wir alle mit Schlafsack in der Höhle übernachten sollen, zu der wir jetzt hinwandern. Wir haben Reisen und Rituale in der Höhle durchgeführt, aber ich fühle mich sehr unbehaglich. Ich kann mich einfach nicht zu einem Schlafplatz in der Höhle überwinden! Ich will mich neben dem Höhleneingang niederlassen. Das ist nur ein schmaler Pfad, bevor es steil bergab geht. Carlo erhebt Einspruch und so lege ich mich in meinem

Schlafsack ganz alleine auf den Hang über der Höhle und mache den berauschenden Sternenhimmel zu meinem Dach. Wie immer, wenn ich unter freiem Himmel schlafe, kann ich meine Augen erst schließen, wenn sie mir vom Hineinstarren in das endlose Universum schmerzen. Jeden Abend, bevor ich schlafen gehe, trete ich zuhause noch einmal vor meine Tür und schaue in klaren Nächten in diese unendliche Weite. Jedes Mal staune ich ehrfürchtig vor dieser Unendlichkeit und mein Plappern im Kopf hört auf.

Am nächsten Morgen werde ich mit einem gigantischen Sonnenaufgang belohnt. Später höre ich die Glocken vom Tal her läuten, und ich fühle mich eins mit mir und der Welt.

Wir sollen uns ein Schutzschild in der Natur suchen, oder besser gesagt, uns ansprechen lassen von einem Stein, Ast, Feder, oder Ähnlichem. Ich werde von einem etwa 30 Zentimeter langen Zweig gefunden, der noch zwei kurze Auswüchse hat am oberen Ende, wie Antennen. Ich schäle ihn vorsichtig ab und ritze Symbole hinein. Wir machen eine Reise zum Geist des Gegenstandes um ihn zu bitten, uns während der Visionssuche in der Höhle zu schützen. Ich lasse mir vom Geist des Astes erklären, wie ich ihn jederzeit aktivieren kann, falls ich ihn brauche. Der Geist ist so lang und dünn wie der Ast selbst und ist sehr liebevoll und freundlich zu mir. Ich bekomme die Anweisung für seine Aktivierung und bin erfreut über ihre Einfachheit.

Am Nachmittag gehen wir mit Taschenlampen in die kalte, feuchte, dunkle Höhle hinein. Wenn ich Probleme habe mit einer Witterung, dann ist es die feuchte Kälte. Wir begeben uns bis ans Ende der Höhle, suchen alle einen Platz zum Verweilen, dann wird das Licht ausgemacht. Es ist stockfinster. Ich kann mich nicht erinnern, jemals so eine Dunkelheit erlebt zu haben.

Ich lehne mich gegen die Wand und finde einen schmalen, etwa zehn Zentimeter breiten Absatz im Fels, der genau auf der Höhe meines Hintern hervorragt. Dort lasse ich mich nieder, wenn man das so nennen kann, und lausche auf das Geraschel der Daunenjacken. Das Geräusch nervt mich. Ich trage einen Wollumhang und wünsche, alle hätten so einen. Wie soll man sich da in Trance fallen lassen! Ab und an hustet jemand. Ich rede im Stillen unentwegt auf Carlo ein, endlich den Rückzug anzutreten. Mir wird bewusst, wie ich mich durch die feuchte Kälte und die anstrengende Haltung, das Geraschel und Gehuste im Hier und Jetzt festhalte und muss innerlich lachen. Plötzlich erscheint vor meinen Augen mein Schutzschild, mein Ast mit den eingeritzten Symbolen: Er erscheint in Lichtform! Gibt es denn so etwas? Ich sehe es mit meinen physischen Augen! Und im selben Moment fällt mir siedend heiß ein, dass ich dieses Schutzschild draußen vergessen habe.

Es war uns von Carlo aufgetragen, mit dem Schutzschild in die Höhle zu gehen. Ich bin tief gerührt und danke dem Geist des Schutzschildes für seine Fürsorge. Er kommt genau zur rechten Zeit, denn vor Spannung bin ich innerlich fast am Zerreißen. Ich bedanke mich im Stillen bei meinen Reisekameraden, dass sie mir diese Herausforderung geboten haben, ihr Geraschel und Gehuste auszublenden und trotzdem zu reisen. Irgendwann merke ich, dass ich keine Zeit und keinen Raum mehr wahrnehme, außer dem harten Fels hinter mir. Ich spüre, dass sich vor mir nicht nur der Boden auftut, sondern ich weiß nicht mehr so recht, wo oben und unten ist. Vielleicht falle ich, wenn ich jetzt einen Schritt mache.

Trotzdem mache ich diesen Schritt, und ich falle in eine unendliche schwarze Tiefe. Wie überrascht bin ich, als ich in den Armen von Mutter Erde lande! Mir fällt eines meiner Lieblingsmärchen ein, Frau Holle. Da fällt die gute Marie in einen Brunnen und landet unten auf einer Wiese bei Frau Holle, der Erdgöttin. Ich erlebe gerade das Märchen der Gebrüder Grimm höchstpersönlich. Mutter Erde zeigt sich mir mit Runzeln ohne Ende. Ihr rundes Gesicht besteht nur aus Falten mit einem wissenden Lachen. Sie schaut mich liebevoll an und sagt: „Du bist und bleibst ein Hummingbird!"

Vielleicht ist Englisch doch die Sprache der Geistwelt! „Hummingbird" ist der Kolibri. In Afrika ist es der Sonnenvogel. Ich weiß ganz genau, was sie meint. Sie hat meine Not in der Kälte und Dunkelheit wohl wahrgenommen. Sie kennt meine Vorliebe für Wärme, Licht und Sonne. Ich bin ihr unendlich dankbar für ihre Liebe und Gegenwart.

In diesem Moment gibt Carlo das Zeichen zum Aufbruch. Er knipst eine Taschenlampe an und ich bin sofort zurück in meinem Körper. Ich fühle mich ganz warm ums Herz und reich beschenkt.

Am nächsten Tag bekommen wir die Aufgabe, jeder für sich einen Kraftplatz zu suchen und dessen Kraft mit einem Alltagsgegenstand bei sich zu Hause zu verbinden. Carlo erklärt uns, wie man einen Kraftplatz findet oder wie er aussehen kann. Wie man zum Beispiel mit den Händen die Kraft fühlen, oder kreisrunde Busch- oder Baumanordnungen, außerordentlicher Pilzwuchs, einzelne Felsbrocken erkennen und ihnen nachspüren kann.

Ich suche eine ganze Weile, fühle aber nichts in meinen Händen, sehe keine kreisrunden Büsche oder Bäume. Carlo hat noch scherzhaft erwähnt, dass sich meistens da, wo Leute „hinscheißen" auch ein Kraftplatz befindet. Aber nicht einmal das finde ich. Ich entscheide mich für einen Platz oberhalb unseres Lagers. Ein einzelner kleiner

Baum steht da, und die Sicht geht weit über das Tal. Hier gefällt es mir gut.

Ich fühle ein Versagen: nicht einmal Kraftplätze kann ich finden! Ich sitze eine ganze Weile unter dem Bäumchen und schaue mich suchend um. Ich entdecke ein paar kleine Pilze und esse drei Stück davon. Ich denke, vielleicht sind es ja die hilfreichen Pilzgeister, die mich unterstützen, eine bewusstseinserweiternde Erfahrung zu machen. Aber nichts passiert.

Die Sonne scheint, es ist wunderbar still und ich falle in einen tiefen Schlaf. Als ich erwache, stehe ich auf und fühle immer noch meine Enttäuschung. Plötzlich kommt ein winziger Vogel angeflogen und setzt sich auf meinen Baum. Seine Art ist mir völlig unbekannt. Er schaut mich an und nähert sich mir, von Ast zu Ast hüpfend, in den höchsten Tönen trällernd. Solche Gesänge kenne ich eigentlich nur vom Morgen- und Abendkonzert der Vögel im Frühjahr, die mich übrigens immer sehr beglücken. Der kleine Sänger zeigt keinerlei Scheu, sein Körper und mein Kopf sind auf gleicher Höhe in dem kleinen Baum. Er ist keinen halben Meter mehr von mir entfernt. Tränen steigen auf und kullern mir über das Gesicht. Wann werde ich endlich aufhören zu zweifeln! Es ist, als würde er allein für mich singen, um mein Herz zu berühren. Und das ist ihm wahrlich gelungen.

Als er davon fliegt, muss ich mich noch einmal setzen. Ich danke dem Vogelgeist, ich danke Mutter Erde für dieses Geschenk und sende diese ganze Herrlichkeit nach Hause an mein Spülbecken in der Küche. Da stehe ich sehr oft am Tag, da kommen mir häufig gute Ideen, wenn ich fast schon meditativ das Geschirr wasche. Hier kann ich die Kraft gut gebrauchen. Ich nehme die Verbindung von meinem Platz in den Bergen nach Hause an mein Spülbecken wie einen ewig fließenden Regenbogen wahr.

Als ich wieder im Lager ankomme, spricht mich einer der Teilnehmer an. Er erzählt mir, dass er vorhin, auf dem Weg zurück, einen einzelnen Vogel wunderschön singen hörte. Er blickte in die Richtung des Gesangs, erkannte aber nur mich dort unter einem Baum schlafend. Einen Vogel konnte er nicht entdecken. Mir wird plötzlich bewusst, dass der kleine Naturgeist über meinen Schlaf wachte und wahrscheinlich bis in meine Träume hinein trällerte.

Als ich am Sonntagabend wieder zu Hause bin, erzähle ich meinem Mann von dieser Erfahrung und dass ich die Kraft mit dem Spülbecken verbunden habe. Er fängt an zu lachen, denn genau zur gleichen Zeit, als ich die Kraft der Berge als Regenbogen nach Hause schickte, hat er das Spülbecken aus Stahl mit einem Stahlputzmittel gereinigt und auf Hochglanz poliert. Das hat er weder zuvor, noch jemals danach wieder getan!

Am nächsten Morgen öffne ich das Fenster neben dem Spülbecken ganz weit, denn es ist ein herrlicher Tag, und draußen vor dem Fenster tummeln sich Spatzen, Meisen, Rotkehlchen und Rotschwänzchen in den Bäumen. Ich wasche das Geschirr vom Frühstück. Vor meinem staunenden Blick weht eine einzelne ganz kleine Feder horizontal herein bis vor meine Augen und senkt sich dann sachte in das Becken! Auch das ist nie vorher noch je danach passiert.

Mein Herz klopft mir bis zum Hals, ich bin zutiefst gerührt und mir laufen die Tränen frei über die Wangen. Das Gefühl der Geborgenheit und Verbundenheit, welches ich in diesem Moment fühle, ist mir bis heute unmöglich, zu beschreiben.

BÄRENBLUT

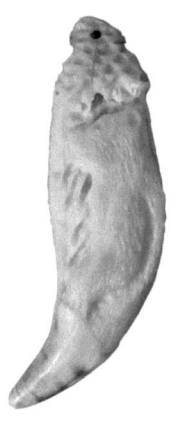

Im Jahr 2000 besuche ich die erste Woche des Dreijahres-Programm der Foundation for Shamanic Studies mit Sandra Ingerman in Kiental in den Schweizer Bergen. Über 60 Menschen aus ganz Europa, von Finnland bis Portugal, wurden für dieses Fortgeschrittenen-Programm ausgewählt. Carlo Zumstein und Paul Uccusic mit seiner liebenswerten Frau Roswitha sind als Assistenten dabei. Jede dieser Wochen ist Initiation pur. Die Energie, die in diesen Wochen fließt, ist manchmal unbeschreiblich berührend, erhebend und in jedem Falle bewusstseinsverändernd. Diese Zeit festigt mein Vertrauen in die geistige Welt zutiefst. Ich darf am eigenen Leib erfahren, dass die Geistwesen tatsächlich direkt in die Materie eingreifen können.

In der ersten Nacht im Hotel Kientaler Hof habe ich einen erschütternden und bewegenden Traum.

Ich bin in unserer Küche, meine Familie ist bei mir. Wir bewegen uns nur noch auf den Stühlen, um den Angriffen meiner Bärin aus dem Weg zu gehen.

*Sie schlägt immer wieder mit ihrer Pranke
nach uns. Wir ziehen uns auf den Tisch und
die Küchenzeile zurück, was natürlich nicht im
Geringsten hilft. Bärin holt weiterhin nach uns
aus und tyrannisiert uns. Schlussendlich steigen wir auf die Schränke und ich weiß, dass es
so nicht weiter gehen kann.*

*Ich sammle allen Mut und alle Kraft zusam-
men, nehme mein größtes Küchenmesser und
steche auf das Herz der Bärin ein. Ich entdecke
frustriert und unter Tränen, dass ich mit dem
Heft des Messers zugestoßen habe. Ich drehe
das Messer um und ramme verzweifelt die fünf-
undzwanzig Zentimeter Klinge tief in ihr Herz,
gerade als sie sich provokativ vor mir aufrichtet.
Eine Fontäne von Blut schießt aus ihrem Herzen
und sie sackt tot zusammen. Der Fußboden der
Küche steht unter Blut.*

*Ich wache auf, den Geruch des Blutes in der
Nase.*

Die Gedanken überstürzen sich. Ich bin entsetzt. Ich versuche vergebens, einen Sinn im Traum zu erkennen. Ich
kann nicht aufhören, mir Vorwürfe zu machen. Mit meinem Wachbewusstsein fällt mir auf, dass Bärin uns nicht
ein einziges Mal verletzt hat! Ich hätte versuchen sollen,
sie hinaus zu locken!

Es kommt mir nun so vor, als hätte sie diesen Tod bei
mir provoziert, als wollte sie es so. Aber warum? Wozu?

Hat sie mich jetzt verlassen, wird sich ein neues Krafttier zeigen? Nach mehr als zehn Jahren? Ich wälze mich bis zum Morgen hin und her und bin untröstlich.

Am Frühstücksbuffet bitte ich Carlo Zumstein um ein Gespräch. Wir setzen uns zusammen an einen Tisch und ich erzähle ihm mit Herzklopfen von meiner Traumerfahrung.

Als ich geendet habe, führt Carlo lachend aus, dass ich die wohl archaischste Art der Kraftübertragung erlebt habe.

Er erklärt mir, dass schon die frühen Jäger und Sammler daran glaubten, dass bei der Tötung eines Tieres die Kraft des Tieres auf sie übergeht. Uff! Die Anspannung fällt von mir ab. Es bleibt nur noch eine kleine Unsicherheit zurück.

Als wir nach dem Frühstück im großen Saal unsere Arbeit aufnehmen und uns mit der Trommel in der Hand zu unseren Verbündeten begeben, taucht Bärin wie gewohnt auf. Ich bin erleichtert und glücklich, dass sie weiterhin an meiner Seite ist und ich mich auf sie verlassen kann. Aber ich bemerke auch im Verlauf der Woche, dass meine schamanische Kraft subtiler geworden ist, meine Sicherheit größer. Die Kraft der Bärin ist tatsächlich noch tiefer in mich übergegangen und ich fühle sie in meinem Blut pulsieren.

Über die Jahre der schamanischen Arbeit hinweg ist Bärin immer mehr ein Teil von mir geworden. Ich bemerkte, dass ich ihre Energie nicht mehr so oft in Form der Bärin

um mich herum wahrnahm, dennoch war sie in meinem Bewusstsein sehr präsent.

Die einzige Erklärung, die sich als richtig anfühlte, war die Tatsache, dass ich nun Bärin war und ich mich als Bärin fühlte.

2005 bin ich wieder einmal bei Sandra Ingerman in der Schweiz. Ich nehme an ihrer Lehrerausbildung teil. Sie meint zwar, ich bräuchte diese Art der Ausbildung nicht unbedingt, da sie mich sowieso schon als Lehrerin in ihrem Verteiler führe. Sie hat tiefes Vertrauen in meine Fähigkeiten.

Sie meint aber auch, dass diese Woche eine gute Gelegenheit böte, wieder tiefer einzutauchen auf dem Weg in den mystischen Alltag. Sandras Anspruch an den Schamanismus ist, dass er alltagstauglich bleibt, nicht als Technik erfahren wird, sondern gelebt wird. Dem kann ich nur überzeugt beipflichten. Ich entscheide mich also, bei diesem zweijährigen Training mitzumachen.

Zu jener Zeit beschäftige ich mich sehr mit dem Aspekt der Illusion. Wenn alles, was ich sehe oder erlebe Illusion ist, so wie es alle spirituellen Lehren predigen, was sind dann Krafttiere? Gibt es sie überhaupt?

Ich weiß nicht mehr, zu welcher Absicht ich unterwegs bin in diesem Seminar.

Meine Bärin zeigt sich wie immer sofort, als ich das Reisen beginne. Ich freue mich über ihre

*unermüdliche Bereitschaft mich zu führen und
zu schützen. Ich will mich auf den Weg machen, da explodiert Bärin vor meinen Augen und
zerbirst in tausend Facetten des Regenbogens
– Peng!*

Und dann ist sie weg.

Ich kann die Reise nicht zu Ende bringen, da ich völlig perplex bin. Ich gehe danach zu Sandra und jammere ihr vor,
dass meine Bärin sich in tausend Regenbogenkristalle verwandelt hat und verschwunden ist. Und außerdem, wenn
doch alles Illusion ist, gibt es doch gar keine Krafttiere.
Sie lacht und meint, dass ich recht habe. Das sei wirklich ein Paradox, aber sie sei froh über ihre Krafttiere!
Ich gehe zu Carlo und stelle ihm die gleiche Frage. Auch
er meint, dass alles eine Illusion sei, aber es mache doch
Freude und es helfe, die Krafttiere zu haben!

Ich bin gespannt auf die nächste Reise. Würde sich
Bärin wieder zeigen in ihrer neuen Form?

*Sie zeigt sich ganz in der Form eines Bären, aber
wie aus geschliffenem Kristall geformt. Sie fun-
kelt in allen Regenbogenfarben und ist sehr
ätherisch. Sie erklärt mir, dass sie mit mir in
eine neue Stufe des Bewusstseins eingetreten sei.
Ich werde sie ab jetzt nur noch selten sehen, was
aber nicht heißt, dass sie nicht da sei.*

Sie ist in mir. Und genau so fühlt es sich an.

*Ich **bin** die Bärin.*

Mein Vertrauen in Bärin war von Anfang an sehr tief. Ich erinnere mich an ein Erlebnis aus der Anfangsphase meiner Arbeit mit einem Klienten, die mein Vertrauen in sie absolut stärkte. Eine verzweifelte Mutter hatte mich angerufen, die sehr um ihren 30-jährigen Sohn bangte. Er hatte psychotische Schübe und sie schrieb es verschiedenen magischen Erfahrungen zu, die ihr Sohn schon ab dem Alter von neunzehn Jahren gemacht hatte, als sie in Afrika lebten. Sie bat mich, eine Seelenrückholung für ihn durchzuführen. Mehr erzählte sie mir nicht. Es handelte sich um eine Fernreise und ich willigte ein. Ich klärte sie darüber auf, dass ich erst einmal Kontakt zur Seele ihres Sohnes aufnehmen müsste, um seine Erlaubnis zu erfragen. Ich muss dazu anmerken, dass ich oftmals einen Eindruck, meist eine Metapher, davon bekomme, warum sich ein Teil der Seele während eines Traumas zurückgezogen hat. Die verlorene Seelenenergie jedoch, die ich zurückbringe, ist reine, unbeschadete Seelenessenz. Das Seelenteil zeigt sich immer in etwa dem Alter, in dem der Seelenverlust stattgefunden hat, und ich nehme es in Personenform wahr.

Die Bärin ist sofort an meiner Seite. Wir reisen in der Mittleren Welt zum Sohn, der sich gerade wieder in einer Psychiatrie aufhält. Seine Seele weint, als meine Bärin und ich bei ihm auftauchen. Wir fragen ihn, ob er Hilfe möchte, und er nickt freudig seine Zustimmung.

Ich folge meiner Bärin, die vor mir herjagt. Ich

bitte Bärin darum, dort nach einem Seelenteil zu schauen, wo das Lebensdrama begann. Wir kommen nach Peru, wo wir ein Seelenteil finden, wir kommen nach Venezuela, wo schon das nächste auf uns wartet. Unter anderem bringt mich Bärin auch in die Karibik, wo wir die Stufen zum Haus eines Voodoo-Priesters hinaufgehen.

Plötzlich stehen mir die Haare zu Berge, Bärin ruft autoritär „Weg hier! Weg hier!" und unter meinen physischen Füßen in meinem Haus in Emmendingen, wo ich ganz alleine bin zu dieser Zeit, vibriert der Boden, als würde jemand durch das Zimmer gehen! Ich hefte mich entsetzt an Bärins Fährte, und wir machen uns rasend schnell davon. Bärin erklärt mir beim Laufen, dass diese Energien noch, und sie betonte das „noch", zu heftig für mich seien. Die anderen Seelenteile, die wir bereits eingesammelt haben, bringen wir zu dem jungen Mann, und ich blase sie ihm in Herz und Scheitel ein.

Ich habe mir viele Gedanken gemacht, warum Bärin mich in diese unmittelbare Gefahr brachte, aber über die Zeit erkannte ich, dass ich durch dieses Erlebnis ein absolutes Vertrauen in ihre Führung entwickelte. Sie leitet mich bis zur Grenze meiner Möglichkeiten, erweitert so meine Erfahrungen und setzt mich keiner reellen Gefahr aus. So habe ich sie verstanden. Und das Band der Liebe und des Vertrauens zwischen uns wurde noch fester.

Diese Reise zum kranken Sohn erschien mir mehr als absurd. Ich zweifelte wieder einmal an mir und hielt sie für blühende Fantasie. Aber ich musste die Mutter informieren, mit der ich sehr fühlte. Ich erzählte ihr von der Reise und sie bestätigte jeden einzelnen Ort, an dem ihr Sohn gelebt hatte. In der Karibik hatte er die Tochter eines Voodoo Priesters geheiratet und sie wieder verlassen! Ich weiß heute, dass solche Fälle oftmals nicht durch einmaliges Reisen geheilt werden können, aber der junge Mann fand wohl zu einer ruhigen Phase nach der Seelenübertragung. Leider habe ich nichts mehr von ihm gehört.

Ich kann gar nicht sagen, bei wie vielen gemeinsamen Ausflügen für Klienten wir unterwegs waren und sind. Immer ist Bärin die führende und mitfühlende Kraft auf jeder Heilreise.

DIE HEILIGEN FRAUEN VOM BÄRINNENCLAN

 Das Städtchen Emmendingen, nördlich von Freiburg am Fuß des Schwarzwaldes gelegen, war zwölf Jahre lang das Zuhause meiner Familie und mir. Von dort sind es nur etwa fünfundzwanzig Kilometer zur französischen Grenze. Vom deutschen Sasbach aus führt eine Brücke über den breiten Rhein hinüber in das französische Marckolsheim. Was auf deutscher Seite der Schwarzwald ist, das sind auf französischer Seite die Vogesen.

Die Vogesen sind ursprünglicher und wilder als der Schwarzwald, und überall verstreut findet man Ritualplätze aus keltischer Zeit. Kaum einer weiß, dass in der Nähe von Barr im Elsass das größte megalithische Bauwerk in Westeuropa steht, eine zweieinhalb Meter hohe und ebenso dicke Mauer aus behauenen Steinen, die so genannte Heidenmauer, die sich zehn Kilometer um die Spitze des Odilienberges windet. Innerhalb der Einfriedung findet man Schalensteine und Ritualplätze der Kelten, und niemand weiß bis heute genau, wozu diese Mauer erbaut wurde.

Es ist ein hoch schwingender Kraftplatz, an dem die Himmelsenergien genauso stark sind wie die Erdenergien, ein kosmotellurischer Kamin, wie die Geomanten solche Orte nennen.

1992 stürzte ein Airbus auf dem Jungfernflug mitten hinein. 87 Menschen fanden den Tod. Man spricht von menschlichem Versagen. Ob hier das immense Magnetfeld des Berges eine Rolle spielte?

Die ganze Gegend ist von alters her „Bärenland". Überall findet man Hinweise auf den Bären in Städte- oder Flurnamen. Und das lag sicherlich nicht nur daran, dass es dort Bären gab. Die gab es zu jener Zeit überall.

Mitten in diese Einfriedung hinein hat die Heilige Odilia um 690 n. Chr. ihr Kloster gebaut. Sie war eine Merowingerprinzessin, und es ranken sich viele Legenden um sie. Eine ihrer besonderen Gaben, so erzählt man, war das Heilen von Augenkrankheiten. Sie schlug eine Quelle mit ihrem Stab in den Stein, aus dem noch heute heilendes Wasser hervor tritt, an dem sich viele Pilger laben. Sie war offensichtlich eine begabte Rutengängerin. Odilia wird immer dargestellt mit einem offenen Buch, in dem auf jeder Seite ein Auge abgebildet ist. Ich vermute, dass es nicht wirklich um die Heilung von Augenkrankheiten ging, sondern dass sie Visionärin war. Es wird berichtet, dass sie blind geboren wurde, und erst als ein Bischof sie taufte, wurde sie sehend. Ich gehe davon aus, sie war nicht körperlich blind, wurde aber bei ihrer Taufe hellsichtig. Sie wurde eingeweiht in das schamanische Bewusstsein. Die Heilige Odilia ist die sehr verehrte Schutzpatronin der

Elsässer und der Odilienberg ein viel besuchter Pilgerort. In der Klosterkirche wird seit 1931 ununterbrochen gebetet. Tag und Nacht sind meist ältere Menschen aus den umliegenden Ortschaften im Kloster. Sie beten jeweils zwei Stunden, dann werden sie abgelöst. Die Energie ist auch hier außergewöhnlich hoch, und das Beten und Meditieren fällt leicht.

Als ich das erste Mal von der Heiligen Odilia hörte, wurde mir sofort klar, dass sie eine Schamanin am Schnittpunkt zum Christentum sein musste. Als Prinzessin der Merowinger war sie selbstverständlich eingeweiht in die alten Mysterien. Es wird berichtet, dass sie oftmals auf einem Bärenfell ruhte und den Kopf auf einen Stein legte. Schon bald liefen ihr die Tränen, was auf einen Trancezustand hindeutet. Es ist nicht schwer zu erkennen, dass ihr Krafttier eine Bärin war und sie schamanische Bewusstseinsreisen unternahm. In einer kleinen Kapelle neben der Kirche ist ihr „Tränenstein" in die Erde eingelassen, von einem Tatzenkreuz geschützt.

Eines Tages nehme ich all meinen Mut zusammen und legte mich bei einem Besuch auf den Marmorboden, den Kopf auf das Kreuz über dem Stein. Es gingen immer wieder Pilger und Touristen hinein und hinaus. Solange ich da lag, und ich weiß nicht, wie lange das war, kam seltsamer weise keiner mehr in die kleine Kapelle.

Ich werde sofort von Odilia abgeholt. Sie bringt mich in einen altertümlichen Raum mit groben

Sandsteinwänden, in dem ein großes Feuer brennt. Sie stellt mich in einen Kreis, der von beeindruckenden, individuell geschnitzten Holzstühlen gebildet wird, auf denen strahlende und freundliche Frauen sitzen. Ich begreife, dass es sich um Äbtissinnen und Priesterinnen aus alter Zeit handelt. Ich erkenne die Heilige Richardis, die in einem Nachbarort des Odilienberges Schutzpatronin ist und mir sehr viel bedeutet.

Die Frauen erklären mir, dass sie alle zum Bärinnenclan gehören und sie mit Freude meine Entwicklung verfolgen. Sie versichern mir, dass sie mich weiterhin in meinem Bestreben unterstützen werden, den Christusgeist als mein zentrales Lebensthema zu erkennen und auszudrücken. Sie geben mir zu verstehen, dass Christusgeist und Bewusstseinsreisen in der Zukunft der Menschheit liegen, losgelöst von jeder Religion oder Institution.

Odilia nimmt mich bei der Hand und führt mich zu einem freien Stuhl in der Runde. Sie zeigt mir an, dass ich mich setzen solle, denn ich gehöre zu ihnen.

Ich sehe in den einzelnen Gesichtern nur Zustimmung und Aufmunterung. Es ist mir peinlich, denn ich fühle mich unwürdig in ihrer Gegenwart. Es ist, als würde ich auf dem Stuhl innerlich schrumpfen. Erst, als alle lachend *aufstehen, jubeln und klatschen, kann ich mich entspannen.*

Die Kälte, die vom Boden in mich hineinkriecht, lässt mich schnell in meinen Körper zurückkehren. Es ist mir ganz warm ums Herz durch das Erlebte. Die Feierlichkeit und Liebe der Begegnung kann ich jederzeit wieder in mir fühlen, wenn ich mir die Erinnerung ins Gedächtnis rufe. Es strömen nun wieder Pilger und Touristen herein, und ich suche mir einen ruhigen Platz in der Klosteranlage, wo ich mit mir und meinen tausend Fragen allein sein kann.

Ein Jahr später übernachte ich mit drei lieben Freundinnen im Kloster. Wir besuchen die uns wohl vertrauten Orte und gehen am Morgen zur Rezeption, um auszuchecken. Vor uns stehen zwei Frauen, die eine bezahlt gerade. Ich erkenne sofort ihre Stimme, Vera! Schon oft haben wir uns auf den Seminaren von Sandra Ingerman getroffen und miteinander gearbeitet. Wir fallen uns erfreut in die Arme, und Vera stellt mir ihre Freundin Maria vor. Wir kommen ins Schwärmen über diesen Ort. Sie fragen uns, ob wir den Schmetterlingsstein schon kennen. Nein, kennen wir nicht. Eigentlich haben die beiden es sehr eilig, denn ein Termin wartet auf sie, aber jetzt können sie einfach nicht umhin, uns zu diesem sonderbaren Stein zu führen. Es scheint zu wichtig. Der Stein liegt immerhin eine Stunde zu Fuß vom Kloster entfernt, seltsamerweise ist er nirgends erwähnt oder eingetragen. Kein Pfad führt zu ihm. Dieser Sandsteinfels sieht einem Schmetterling sehr ähnlich und die Stelle, die den Körper darstellt, bildet eine ergonomisch geformte Aushöhlung, die zum Hineinlegen einlädt. Nach der Ankunft dort treten Vera und Maria sofort den Rückweg an und überlassen uns unseren eigenen Erfahrungen. Eine nach der anderen von uns Frauen legt sich in die Kuhle hinein, und jede wird von der hohen Energie an die Ufer der Geistigen Welt geschwemmt.

Dann bin ich an der Reihe.

Kaum habe ich mich in der Vertiefung eingenistet, taucht unvermittelt neben mir ein Pikte auf und lacht mich an. So einer Wesenheit bin ich schon einmal vor Jahren begegnet, als ich auf dem Heidstein im Schwarzwald allein übernachtete. Ich hatte gerade eine bequeme Lage in meinem Schlafsack gefunden und die Augen geschlossen, da kniete neben mir ein Pikte und betrachtete interessiert mein Gesicht. Mir fiel dieser Name ein, als ich ihn sah, obwohl ich nicht wusste, was er bedeutete. Er kniete auf einem Knie neben mir, bekleidet mit einem Lendenschurz und einem Speer in der Hand und schaute mir direkt ins Gesicht. Was ihn aber außergewöhnlich erscheinen ließ, waren seine Tätowierungen im Gesicht und auf dem Körper. Das kannte ich nur von Bildern über die Maoris in Neuseeland.

Ich riss vor Schreck die Augen wieder auf, nicht ohne ihn vorher lachend seinen Kopf schütteln zu sehen, und er meinte ganz trocken: „Bist du nicht hergekommen, um eine Vision zu haben?" (Ich habe damals nachgelesen, dass die Römer das Urvolk der Schotten Pikten – „die Bemalten"- nannten, die bekannt waren für ihre Tätowierungen. Ihr Ursprung liegt bis heute im Dunkeln). Nun ist wieder ein Pikte aufgetaucht, (oder ist es gar derselbe?), und er fängt sofort an, mir eine Bärentatze über die linke Brust zu tätowieren.

Bevor ich begreife, was hier vor sich geht, werde ich wieder von Odilia abgeholt. Sie führt mich erneut in den Kreis der wunderbaren Frauen, und ich werde offensichtlich schon erwartet.

Gelächter, Wiedersehensfreude und Umarmungen sind Teil der warmherzigen Begrüßung. Dann geht jede zu ihrem Stuhl, und auch ich nehme meinen Platz etwas zögerlich ein. Odilia erklärt mir, die Tätowierung der Bärentatze sei die Bestätigung der Zugehörigkeit zum Bärinnenclan. Bevor ich mich von Herzen bedanken kann, zieht etwas mein Bewusstsein in meinen Körper zurück. Ich spreche trotzdem meinen tief empfundenen Dank noch aus, wohl wissend, dass wir sowieso nicht getrennt sind. Nun fühlt es sich rund an, alles ist gesagt und

getan. Und doch bleibt in mir das Gefühl, nur
Schülerin oder Novizin zu sein im Bärinnenclan.

Ich weiß, ich muss und darf noch viel von meinen „Bärinnen" lernen.

Die Heilige Richardis trat in mein Leben, als ich den Odilienberg schon eine Weile kannte, aber noch keinen visionären Kontakt zur Heiligen Odilia hatte.

Im Jahr 2003 hatten mein Mann und ich uns entschlossen, zum vierten Mal umzuziehen. Wir wollten wieder aus der Stadt hinaus aufs Land. Unser Traum war ein Haus im Grünen, ohne viel Nachbarschaft, wo ich zu jeder Tages- und Nachtzeit trommeln konnte und Feuer machen durfte.

Wir hatten es kaum ausgesprochen, gab es auch schon einen Käufer für das Stadthaus. Wo aber wartete unser Traum auf uns?

Wir suchten das Rheintal auf und ab, das Elztal und das Simonswäldertal hinauf, wir suchten im Glottertal und in Freiamt. Freiamt gefiel uns von Anfang an am besten, denn von dort nach Emmendingen zur Arbeit meines Mannes waren es nur zwölf Kilometer. Das war ein wichtiger Aspekt. Wir schauten uns ein paar Häuser an, privat und mit Makler. Das, was wir suchten, gäbe es nur alle dreißig Jahre, meinte einer der Makler. Die seien jetzt sowieso um, hielt ich dagegen, und außerdem warte das Haus womöglich schon zweihundertfünfzig Jahre auf uns.

In dieser Zeit hörte ich von der Heiligen Richardis, ich

meine, ich bin im Internet über sie gestolpert. Ich kann nicht mehr nachvollziehen, wie ich ihr begegnete. Ich las, dass Richardis 880 n.Chr. in dem Dorf Andlau, am Fuß des Odilienberges, eine Kirche erbaute, und ein Bär habe ihr gezeigt, wo sie den Grundstein legen sollte.

Bis ins 18. Jahrhundert hinein, also fast 1000 Jahre lang, hat jedes Jahr ein Bär in der Krypta der Kirche überwintert, bis einmal ein Kind angefallen wurde. Dann hörte dieser Brauch auf. Mir war auf Anhieb klar, dass auch Richardis, wie Odilia, eine eingeweihte Schamanin sein musste und eine Bärin ihr Krafttier. Mich hat es unwiderstehlich dorthin gezogen.

An einem Samstagnachmittag stand ich vor den offenen Türen der Kirche „Saints Pierre et Paul" in Andlau. Die Frauen der Stadt schmückten die Kirche mit frischen Blumen und Kerzen für den Sonntagsgottesdienst. Von der Seitentür eintretend, wurde ich von einem riesigen Bild an der gegenüberliegenden Wand angezogen, auf dem die Legende der Ortsfindung für die Kirche dargestellt war: Mittendrin Richardis mit ihrer Bärin. Obwohl eigentlich keine Öffnungszeit, ließen die guten Frauen mich und meinen Mann hinein. Ich suchte die Krypta und wurde dort von einem Sandsteinbären begrüßt, der wohl Einlass hier gefunden hatte im Austausch gegen einen echten Bären. Kurz verweilte ich beim Bären und ging dann weiter zum Altar, auf dem eine Pieta steht. Hier war die Schwingung am höchsten. Klar, dass Richardis einen starken Kraftplatz für ihre Kirche gewählt hat!

Ich stehe vor dem Altar. Mein Mann hält Wache am

Eingang, damit ich ungestört singen und beten kann. Ich fange an zu tönen, auf meine Art. Ich öffne einfach meinen Mund und lasse die Töne heraus, die kommen wollen.

> *Ich gehe in Kontakt mit Richardis und ihrer Bärin, singe für sie und freue mich über ihr Erscheinen. Ihre Bekleidung ist ein einfaches, grobes Gewand. Ich erzähle ihr, dass auch wir unseren Platz in der Natur suchen, und dass ich dankbar bin, dass sie und ihre Bärin uns dabei helfen werden. Eine Weile noch halte ich mich in ihrer Gegenwart auf und dehne mich bis hin zum Sternbild des „Großen Bären" aus.*

Dankend verlasse ich diesen kraftvollen und stillen Ort.

Vier Monate später erhalten wir ein Exposé von einem kleinen Haus in Freiamt, am Freihof, völlige Alleinlage auf einer Waldlichtung, abenteuerlicher Waldweg, Bachlauf, gerade so bezahlbar durch den Verkauf unseres Hauses in Emmendingen.

Die ersten urkundlichen Eintragungen über den Hof sind tatsächlich bereits zweihundertfünfzig Jahre alt. Es gefällt uns sehr, und auch die Ahnen hatten ja, wie schon beschrieben, zwei Wochen zuvor wegweisend ihr spirituelles Erbe an mich kundgetan:

> *„Freier Geist auf freier Scholle!"*

Wir durften offiziell am 1. Dezember 2003 dort einziehen. Am gleichen Tag wurde eine Chronik des Ortsteils Ottoschwanden veröffentlicht, dem wir nun angehörten. Bei unserem Bäcker lag das Buch zum Verkauf aus, und ich blätterte mit großem Interesse darin. Gleich auf einer der ersten Seiten sprang mir förmlich das Bild von der Heiligen Richardis und ihrer Bärin in die Augen. Ich war völlig verblüfft und musste erst einmal tief durchatmen: „Wie kommt Ihr denn hierher?!"

Ich las die Geschichte von Richardis in Windeseile:

Der Frankenkaiser Ludwig der Deutsche, ein Enkel Karls des Großen, verheiratete 862 n.Chr. seinen Sohn Karl den Dicken mit der elsässischen Grafentochter Richardis, die aus dem Geschlecht der Erchanger stammte, und schenkte dieser zur Hochzeit das Gebiet von Ottoschwanden, als Teil der sogenannte Morgengabe. Ottoschwanden, ein Ortsteil von Freiamt, unser neues Zuhause!

Jeden Tag, wenn ich morgens und abends vor die Türe trete, um die Geister zu grüßen, sage ich Dank für dieses Geschenk. Mir ist, als würde ich „Richardis Land" nur verwalten, ich habe kein Gefühl von „meins" oder „unser". Vielleicht kommt sie demnächst auf einem Jagdausflug durch den Wald geritten! Jedes Jahr fahre ich in ihre Kirche ins Elsass, lege ihr frische Blumen aus Ottoschwanden auf den Altar und singe ihr ein Lied. Mag sein, dass es einmal Zeit ist weiterzuziehen, aber bis dahin genieße ich jeden Tag auf „Richardis Land".

MAI MUGANI

 Im September 2001 ging ich mit unseren beiden jüngsten Söhnen für ein halbes Jahr nach Simbabwe, um dort meinen Bruder Bernhard und dessen Sohn Gayos zu besuchen. Bernhard wohnte schon zehn Jahre als Entwicklungshelfer in den Chimanimani Bergen, am südlichsten Ausläufer des afrikanischen Grabenbruchs an der Grenze zu Mosambik. Meine Sehnsucht nach Afrika war immer stärker geworden. Unser jüngster Sohn, Philipp, zehn Jahre alt, hatte das Versprechen, auch einmal afrikanische Luft schnuppern zu dürfen und brannte darauf, seinen geliebten Cousin und den Onkel zu besuchen. Lorenz, der Zweitjüngste, war gerade mit der Schule fertig und wusste nicht, was er lernen sollte oder wollte – sehr typisch für einen Sechzehnjährigen, wofür ich sehr viel Verständnis hatte. Für ihn erwies sich dieser Ort als zu einsam und abgelegen, und er machte sich nach vier Wochen wieder auf den Heimweg.

Was von uns als Verwandtenbesuch gedacht war, endete als schamanische Pionierarbeit. Mein lieber Bruder scherzte hinterher oft: „Bevor du gekommen bist, war ich überall der Benni. Als du gegangen bist, war ich überall der Bruder von Barbara!"

Seine Freunde und Bekannte wurden schnell meine Freunde und Bekannte, und es kamen neue hinzu. So kam es, dass es in der Hauptstadt Harare einige Psychotherapeuten, Künstler, Ärzte und Händler gab, die sich für meine Arbeit zu interessieren begannen. Meine lieb gewonnene Freundin Jenny organisierte ein Schamanisches Basisseminar. Es war wohl das erste spirituelle Seminar, an dem Schwarze, Weiße und Inder gemeinsam teilnahmen.

Ich hatte schon ein paar Einzelsitzungen für Jennys Freunde abgehalten. Aber nun sprach es sich wie ein Lauffeuer herum, dass eine weiße „Schamanin" in der Stadt sei.

So kam es, dass ich wochenweise bei Jenny in Harare wohnte und Klienten behandelte. Sie tat ihre erfolgreiche Arbeit als Akupunkteurin und Psychotherapeutin, ich arbeitete im Nebenraum als Schamanische Praktikerin. Immer, wenn die Anmeldeliste wieder voll war, reiste ich nach Harare und blieb eine Woche. Ich hatte nicht im Geringsten damit gerechnet, dass ich in Simbabwe auch Geld verdienen könnte!

Von zu Hause hatte ich 100 US $ für jeden Monat unseres Aufenthaltes mitgebracht, davon konnte man zu jener Zeit einigermaßen überleben. Mit der Arbeit mit Klienten in Harare war es mir möglich, mein Taschengeld etwas aufzubessern. Wunderbar! Es kamen: Reiche und Arme, Schwarze, Weiße, Mischlinge und Inder, Frauen und Männer gleichermaßen.

Gleich zu Anfang tauchte Margaret auf, eine schwarze Ärztin aus Harare mit eigener Praxis. Sofort stellte sich bei mir ein warmes Gefühl für sie ein. Ich fragte sie, warum sie denn zu mir käme und nicht zu einem einheimischen Schamanen ginge. Sie meinte, dass einheimische Schamanen immer nur nach Schuldigen suchten, egal für welche Krankheit oder Misere sie Auskunft bei den Geistern erbaten. Selbst noch beim Tod eines alten Mannes wurde Schuld als Ursache vermutet. Das empfand Margaret als grundverkehrt.

Als ich für sie „reise", überschwemmen mich intensive Gefühle. Ich muss weinen, empfinde Margaret als mir eng verwandt, verschwistert. Es kostet mich viel Konzentration, die Seelenrückholung erfolgreich zu Ende zu bringen. Beim Austausch über die Reise umarmen wir uns spontan und weinen. Ich fühle, dass wir Schwestern aus einer anderen Zeit sind. Sie meint lächelnd, dass sie es weiß. Margaret nahm am Basisseminar teil und beeindruckte uns alle mit ihrem sehr hohen Bewusstsein.

Damals wusste sie noch nicht, dass ihr jüngst verstorbener Mann sie mit HIV infiziert hatte. Er war, gnädigerweise, an einem Herzinfarkt gestorben. Sie versicherte mir, dass, wenn sie beim Tod ihres Mannes im Land gewesen wäre, (sie hatte damals ein paar Monate Fachausbildung in Tennessee/USA absolviert), dann wäre auch sie für den Tod ihres Mannes beschuldigt worden. Sie war überzeugte Katholikin und betete jeden Morgen zwischen zwei und drei Uhr den Rosenkranz in tiefer Kontemplation.

Das sei die Zeit der höchsten Energie, ließ sie mich wissen. Danach schlief sie wieder ein. Margaret ging aber auch in den buddhistischen Tempel und meditierte dort mit Freunden für den Friedensprozess in Simbabwe. Sie starb im Jahr 2008 sehr schnell an AIDS. Bis zum Schluss behandelte sie die Folteropfer des Mugabe-Regimes. Oft standen ihr nicht mehr Medikamente zur Verfügung als die Aloe, die hinter der Praxis wuchs. Ihr bliebe nichts anderes übrig, als die Hände aufzulegen und um Heilung zu beten, meinte sie lapidar. Und Heilung geschah immer wieder.

In einer Pause während des Seminars beschrieb Margaret uns, wie sie mit Freunden für das geschundene Simbabwe meditiert: Jeder ist für eine Ecke des Landes zuständig und in der Mitte steht der aufgestiegene Meister St. Germain, der alles überstrahlt.

Während sie das alles erzählte, begann ihre dunkle Haut violett zu strahlen. Wir Zuhörer stießen uns gegenseitig an und machten uns auf dieses Phänomen aufmerksam. Sie blieb ganz bescheiden und lachte nur. Ich habe erst hinterher erfahren, dass St. Germain einer der sogenannten „Aufgestiegenen Meister" sei und die Violette Flamme seine Energie.

Die meiste Zeit verbrachte ich aber in den wunderschönen Bergen bei meinem Bruder. Mutter Afrika hatte mich wieder – und umgekehrt. Philipp und ich waren glücklich. Wir fühlten uns sehr wohl bei meinem Bruder, seinem Sohn und den Menschen dort. Auch hier fingen die Einheimischen an, mich für eine Behandlung aufzusuchen. Mein Bruder hatte zusammen mit seinem Sohn in den lehmigen Boden auf seinem Grundstück eine wunderschöne kleine Erdhöhle gegraben. Am Kopfende gab es einen Altar mit einer Marienfigur, Kristalle und Feen, und oft wurde dort Räucherwerk verbrannt. In dieser Höhle war es wunderbar kühl und kraftvoll, und ich begab mich mit den meisten Klienten dort hinein. Die Höhle war gerade so groß, dass man zu zweit gut sitzen oder nebeneinander liegen konnte.

Natürlich hegte ich den Wunsch, einen Schamanen oder eine Schamanin näher kennenzulernen. Deutsche Freunde meines Bruders lebten seit Jahren weiter weg in den Bergen in einem kleinen Dorf. Dort wohnte Mai Mugani was heißt: „Mutter von Mugani", eine N'anga, eine weithin bekannte Schamanin, etwa in meinem Alter, geschätzt und geachtet auf beiden Seiten der Grenze von Simbabwe und Mosambik. Sie ist bis heute ein wesentlicher spiritueller Pfeiler der Dorfgemeinschaft, und ihr Fachwissen über Pflanzen und ihre Heilwirkungen ist legendär.

Ein Treffen wurde von der Frau der deutschen Freunde, die wohl bekannt mit der Schamanin war, organisiert und als Mai Mugani mich kommen sah, lief sie auf mich zu und fiel mir um den Hals. „Ich wusste, dass du kommst. Ich habe schon von dir geträumt. Du wirst mich jetzt heilen!", übersetzte die Freundin vom Shona ins Deutsche. So wurde ich von der Schamanin empfangen und meine alte Scheu kam wieder zum Vorschein. Ich war doch eigentlich gekommen, um etwas von ihr zu lernen! Ich fühlte mich erst einmal vollkommen überrumpelt und überfordert.

Da ich kein Shona sprach und Mai Mugani kein Englisch, stellten sich zwei Männer aus dem Dorf zur Verfügung, die mit dem Übersetzen betraut wurden, beide sehr angesehen und sehr spirituell. Baba Nena war ein begabter Träumer. Im Traum wurde er jedes Mal vorinformiert über kommende wichtige Geschehnisse. Der andere, Alex, der Sohn des Häuptlings, besaß einen sehr hohen Status im Dorf. Er hatte in einer Höhle hoch über einem Wasserfall sechshundert Jahre alte Tongefäße entdeckt, die von den ersten Shona-Siedlern in diesem Gebiet stammten. Einer Weissagung zufolge, die von Mai Mugani prophezeit wurde, hatte es sich genauso zutragen müssen. Alex – so erzählt man sich – sei die Wiedergeburt des ersten Häuptlings aus jener Zeit. Er wäre es gewesen, der die Tongefäße vor sechshundert Jahren selbst dorthin gebracht habe. Deshalb habe er sie in diesem Leben gefunden – aufgrund seiner Erinnerung.

Mai Mugani und ich unterhielten uns nun stundenlang. Ich fragte sie nach ihrer schamanischen Tradition. Fast ganz Afrika südlich der Sahara kennt nur den sogenannten Besessenheitsschamanismus, das heißt, der Geist des Schamanen tritt aus dem Körper heraus, und ein fremder Geist tritt ein. Meist handelt es sich um Ahnengeister. Die Schamanen arbeiten fast immer mit Assistenten, denn sie wissen hinterher nicht, was sie gesagt oder getan haben. Die schamanische Ausbildung von Mai Mugani begann im Alter von sieben Jahren. Die Shona glauben an eine Wiedergeburt, jedoch nur innerhalb des eigenen Stammes. Ich wiederum setzte ihr auseinander, dass unser Wiedergeburtsglaube umfassender ist, dass wir in vielen Ländern in vielen Völkern wiedergeboren werden, und dass ich gerade das bei einer Seelenrückholung oft direkt erfahre, wenn ich Seelenteile des Klienten aus anderen Kulturen wiederbringe.

Mai Mugani erklärte mir, dass jede Familie ein Krafttier habe. Ich hingegen gab ihr zu verstehen, dass jedes Individuum ein Krafttier habe und mein Krafttier eine Bärin sei. Dieses Tier kannten die Männer nicht, und ich musste mein Krafttier erst einmal unter viel Gelächter mimisch vorführen! Natürlich wusste ich, dass bei den Afrikanern das Kollektiv der Sippe noch immer um ein Vieles mehr zählte als das Individuum. Das hatte zur Folge, dass niemand sein persönliches Krafttier kannte, sondern nur jenes der Familie. Von Mai Mugani erfuhr ich, dass ihr Geistführer ein Ahne von ihr sei. Ich erzählte ihr daraufhin, dass meine Geistführerin nicht aus meinem Kulturkreis stamme und dass Geistführer durchaus großartige weise Wesen aus anderen Völkern sein können. Wesentlich dabei ist, dass sie ein sehr hohes Bewusstsein mit viel Liebe für die Menschen entwickelt haben.

Nun sollte ich zur Tat schreiten. Ein junger weißer Simbabwer war anwesend, dem ich eine Sitzung versprochen hatte. Er bot sich an, als Erster eine Seelenrückholung machen zu lassen, sodass Mai Mugani zusehen konnte. Ich drückte ihr meine Schamanentrommel in die Hand und zeigte ihr, wie sie trommeln sollte. Sie sang dazu, was ich nicht gewohnt war, aber ich empfand ihren Gesang als sehr melodisch, und so störte es mich nicht bei meiner Arbeit. Als ich dem jungen Mann am Ende der Reise, die in der Geistigen Welt gefundenen Seelenteile einblies, wollte sie sofort als Nächste an die Reihe kommen. Erst später habe ich erfahren, dass sie hellsichtig ist und jede Energiebewegung und jeden Schritt der Arbeit mitverfolgen konnte. So konnte sie die Reise für sich kaum erwarten, und ich musste die Schamanin eine Weile vertrösten, bis ich den jungen Mann über das geistig von mir Erlebte und die übertragenen Energien informiert hatte.

Nun war die große Schamanin an der Reihe. Sie hatte darüber geklagt, dass seit Monaten ein hartes Band ihre Brust umschließe, was ihr beständig Schmerzen bereite. Ich habe selten für eine Klientin so inbrünstig um Hilfe, Schutz und Führung gebeten. Als ich mich auf der Reise nach ihrem Krafttier umsah, zeigte sich die Elenantilope, die größte Antilope, die es heute noch wild in Simbabwe gibt. Ich fragte mich nervös, wie sie das persönliche Krafttier wohl aufnehmen würde. Aber da war ich noch nicht auf ihre Geistführerin gestoßen! Von wegen Geistführer aus dem eigenen Stamm: Es war eine Frau vom Stamme der San!

Ich wusste, dass die Bantu-stämmigen Afrikaner, zu denen auch die Shona gehören, aus dem Kongobecken über Jahrhunderte über Ostafrika ins südliche Afrika eingewandert sind. Als die ersten Weißen am Kap im heutigen Südafrika an Land gingen, waren die Bantuvölker noch nicht lange in der Region – vom Norden her kommend

– sesshaft geworden. Sie alle trieben die San (verächtlich von den Weißen „Buschmann" genannt), vor sich her und betrachteten sie nicht als Menschen! Die San bevölkerten früher fast den ganzen Kontinent südlich der Sahara und wurden immer mehr verdrängt. Ich hatte schon viele Felsmalereien von ihnen im ganzen südlichen Afrika gesehen, und die Anwesenheit der Ahnen in unmittelbarer Umgebung gespürt.

Nun saß ich da mit dem Wissen, dass Mai Mugani auch noch eine San Frau als Geistführerin hatte! Wie sage ich es meinem Kinde? Noch drei Seelenteile wurden mir für sie mitgegeben, und so blies ich mutig Krafttier und Seelenteile in Herz und Scheitel ein, auf meine Geisthelfer vertrauend. Kaum saß Mai Mugani aufrecht, fiel sie mir wieder um den Hals. Ihre Schmerzen waren augenblicklich verschwunden. Ich hob meine Augen in tiefer Dankbarkeit gen Himmel.

Zuerst erzählte ich ihr, in welchem Alter und warum sie die Seelenteile verloren habe. Sie nickte immer wieder mit Freuden. Ich kam schließlich zu dem Moment, in dem ich ihr das persönliche Krafttier nennen musste, eine Elenantilope. Sie fiel mir wieder um den Hals, denn das sei auch das Familienkrafttier! Puhh!

Nun kam ich zum heikelsten Thema. Ich erklärte ihr, dass sie eine weise liebevolle San-Frau an ihrer Seite habe. Mai Mugani klatschte vergnügt in die Hände und freute sich auch darüber! Das Ritual war rundum gelungen. Die Schmerzen blieben verschwunden.

Nun hörte Mai Mugani, dass ich ein Basisseminar im

Haus meines Bruders plante. Sie äußerte spontan, dass sie daran teilnehmen wolle. Ich hatte einige Bedenken, aber die behielt ich für mich, denn tief in mir sprach etwas oder jemand dafür. Das Sprachproblem wurde sofort an Ort und Stelle gelöst, weil sich die zwei dolmetschenden Männer gleich mit anmeldeten!

Das Wochenende kam, dreizehn Leiber saßen dicht an dicht gedrängt im Haus meines Bruders im ausgeräumten Wohnzimmer und lauschten meinen Anweisungen. Weiße Frauen aus der fernen Hauptstadt Harare nahmen teil, eine junge Amerikanerin, die gerade als Touristin auf der Durchreise war und nichts von den schamanischen Traditionen ihres indianischen Vaters wusste, Leute vom Ort, mein Bruder, Mai Mugani und ihre zwei Dolmetscher.

Die erste Reise zum Kraftplatz war fast zu Ende, als Mai Mugani plötzlich auf die Knie ging und schnüffelnd zwischen den Menschen herumkrabbelte. Ihre Augen wurden glasig. Mir stellten sich die Haare, und ich rief in höchster Not alle Geister und bat um ein gutes Ende. Mai Mugani machte sich gerade auf den Weg zu zwei jungen Frauen, als ich das Rückholsignal trommelte. Sie blies den beiden etwas in die Lebergegend und setzte sich dann gelassen hin. Als es wieder still wurde im Raum, fragte ich sie, was passiert sei. Sie verkündete, sie hätte die Seelen der zwei Frauen davon laufen sehen und sie wieder zurückholen müssen, da sie sonst krank würden. Ich war beeindruckt.

Anhand dieses Erlebnisses wurde den anderen

Teilnehmern deutlich, dass wir wirklich energetisch unterwegs sind, wenn wir auf eine geistige Reise gehen. Es sei deshalb auch sehr wichtig, sich zurück in den Körper zu begeben, sobald das Rückholsignal auf der Trommel erklinge. Mai Mugani konnte ich noch einmal klarmachen, dass wir selbst in der Geistigen Welt unterwegs sind und mit den Geistern in Kontakt treten, ohne von einem Geist übernommen zu werden. So bleiben wir immer bewusst. Jetzt hatte sie es wohl verstanden, denn der Rest der Veranstaltung verlief ohne besondere Vorkommnisse. Ihre Berichte waren so eindrucksvoll wie die der anderen Teilnehmer.

Das ganze Wochenende über belagerte sie mich in den Pausen mit ihren Übersetzern. Sie wollte alles über die Geistige Welt wissen. Mir wurde im Laufe der Gespräche bewusst, wie wenig aufgeklärt sie über die geistigen Vorgänge war. Wir sprachen über Christusbewusstsein und persönliche Bewusstseinsentwicklung. Ich fragte sie nach den Praktiken der Schamanen im Lande, die immer einen Schuldigen suchten. Verursacht das nicht Angst und Hass, Hader und Streit in den Kommunen? Die drei Shona bestätigten mir diese Wirkung offen und ehrlich. Alex meinte, der Riss ginge manchmal durch Familien und es werde mehr Leid als Heilung verbreitet. Ich fragte nach dem Tod. Warum wird selbst noch nach einem Schuldigen gesucht, obwohl der Mensch vielleicht schon steinalt ist? Mai Mugani antwortete, sie selbst habe noch gelernt, dass ein Tiergeist komme, um die Seele eines Verstorbenen abzuholen, und es dabei keinen

Schuldigen gäbe. Die Schamanin gab auch freimütig zu, dass unter den Schamanen ein großer Neid herrsche über die Qualität des Geistes, der in sie eintritt und dass sie manchmal versuchten, diesen sich gegenseitig abzujagen. Und das könne durchaus tödlich enden!

Ist es Doreen so ergangen? Die wunderbare, humorvolle und hilfsbereite Shona-Frau kam zu mir für eine Seelenrückholung. Als die Arbeit getan war, fragte sie um einen Rat. Sie gestand zögernd und leise, dass sie seit ihrer Kindheit nicht nur Wassernixen sehe, sondern auch mit ihnen reden könne. Die Wassernixen drängten sie zur Zusammenarbeit. Aber sie habe Angst vor neidischen Schamanen. Sie bemerke aber auch, dass sie so nicht glücklich sei.

Ich konnte ihr nur raten, ihrem Herzen zu folgen und abzuwägen, was im Moment für sie persönlich schwerer wiegt. Ich war kaum zurück in Deutschland, da kam die Botschaft, dass sie innerhalb von drei Tagen an einem zu spät erkannten Darmdurchbruch unter großen Schmerzen gestorben sei.

Auch ich wurde in Simbabwe einmal schwer krank.

Ich hatte hohes Fieber bekommen und fühlte mich elend. In Kamerun litt ich einmal unter einer schweren Malaria. Damals plagten mich auch unerträgliche Kopfschmerzen. Aber in Simbabwe war Malaria nicht verbreitet und außerdem hatte ich mit einer homöopathischen Malarianosode vorgesorgt. Als ich die Schmerzen im

Kopf nicht mehr aushielt, rief ich zu Hause in Deutschland an und bat meine Schamanengruppe dringend um Hilfe. Sie kamen am gleichen Abend zusammen und machten ein schamanisches Ritual für mich. Am nächsten Morgen waren die Kopfschmerzen weg. Die Gruppe hatte mich vor dem Schlimmsten bewahrt. Ich musste kurz vor einer Gehirnhautentzündung gestanden haben. Erst jetzt konnte ich mit meinem Bruder in die sechzig Kilometer entfernte Stadt fahren. Dort praktizierte eine deutsche Ärztin, die auch ein gutes Labor unterhielt. Sie untersuchte mein Blut und stellte Zeckenbissfieber fest. Sie war erstaunt über das Testergebnis. Wie ich denn das geschafft hätte, fragte sie mich, zwei verschiedene Erreger im Blut zu haben! Gleichzeitig quälte mich noch ein Spinnenbiss unterhalb des Bauchnabels, der nicht aufhören wollte zu eitern. Da ich keinen Homöopathen zur Seite hatte, musste ich auf die Antibiotika der Ärztin zurückgreifen. Mein Bruder verstand die Welt nicht mehr. Er wohnte schon so lange auf diesem Fleck Erde und hatte so etwas weder bei sich noch bei seinem 13 Jahre alten Sohn erlebt.

Als Margaret zu Besuch kam, meditierte sie eines Morgens wieder mit ihrem Rosenkranz in den Händen. Sie gab mir hinterher den guten Rat, mich besser zu schützen gegen negative Energie. Sie hatte die Information bekommen, dass der Spinnenbiss und mein Fieber Ergebnis meiner zu offenen Aura sei, in die Fremdenergien zu leicht eindringen können.

Als ich die Geschichte von meinem Erlebnis mit Mai Mugani in Simbabwe meinen Lehrern Carlo Zumstein und Paul Uccusic erzählte, waren sie offensichtlich nicht nur beeindruckt von meiner Arbeit mit ihr, sondern auch über meine Naivität, mich mit afrikanischen Schamanen anzulegen. Zu keiner Zeit aber hatte ich das Gefühl gehabt, in Gefahr zu sein. Von Mai Mugani ging ganz gewiss keine negative Energie aus. Sie ist eine liebenswerte und lichtvolle Heilerin. Ich weiß ganz tief drinnen, dass ich immer von meinen Verbündeten geschützt werde. Und ich hatte recht, denn es fand ja auch alles ein gutes Ende.

Bevor ich Simbabwe verließ, kam Alex noch einmal zu mir. Er überbrachte Grüße von Mai Mugani. Sie ließ mir ausrichten, dass sie nun ihre Kollegen zusammenrufen werde, um ihnen das beizubringen, was sie bei mir gelernt hatte! Was ist dagegen schon ein bisschen Fieber und Kopfschmerz! Der Same des Licht-Schamanismus, wie ich ihn nenne, fiel auf fruchtbaren Boden.

ABAKAN

Es ist Frühjahr 2003.

Ich erwache aus einem Traum. Es sind zwei Aspekte, die ich mit hinüber in das Wachbewusstsein retten kann. Der erste sind mir völlig fremde Worte, so ähnlich wie: „ger cham".

Der zweite Aspekt scheint ein Symbol zu sein. Ich sehe eine weibliche Figur, nur stilisiert. Durch diese Frau geht ein senkrechter Strahl, so breit wie der Kopf der Figur, von weit oben kommend bis weit unter die Frau in die Erde hinein. Das Wort „Sonnenvertikale" bleibt mir im Gedächtnis. Der Strahl dreht sich anschließend zu einem Kreis, in dem viele Frauen miteinander verbunden sind.

Ich kenne meine Geister ja nun seit fast zehn Jahren. Sie überraschen mich immer wieder mit tiefem Wissen für das Leben im Alltag. Ich zerfleddere mein Hirn, was sie mir dieses Mal wieder sagen möchten, komme aber zu keinem Ergebnis. Ich bespreche es mit vielen meiner Wegbegleiter, aber es kommt nichts Sinnvolles dabei heraus.

Im Herbst des gleichen Jahres träume ich von meinen Ahnen. Sie sprechen eine ernste Warnung aus: „Es ist unbedingt wichtig, dass du dich in neun Monaten nicht umdrehst. Dreh dich nicht um! Schaue auf gar keinen Fall zurück!" Ich mache mir eine Notiz im Kalender. In neun Monaten ist Anfang August 2004.

Fast ein Jahr nach dem ersten geheimnisvollen Traum, telefoniere ich im Januar 2004 in Freiamt mit dem neuen Klassenlehrer von Philipp, unserem Jüngsten. Wir hatten gerade den Umzug nach Freiamt bewerkstelligt, und ich möchte gerne einen Termin zum gegenseitigen Kennenlernen.

Am Telefon fragt mich Herr Rupp unter anderem, was ich denn beruflich mache. Ich informiere ihn über meine Arbeit und er scheint aufzuhorchen. Er erzählt mir, dass er seit zehn Jahren einen Kulturaustausch nach Abakan organisiert, welches die Hauptstadt der Republik Chakassien in Sibirien ist. Dort gäbe es noch Schamanen. Bei der Erwähnung des Wortes „Abakan" rauscht eine Energiewelle durch meinen Körper, von der Erde kommend und durch den Scheitel wieder hinaus. Ich höre mich sagen: „Ist da noch ein Platz frei?" und erschrecke im nächsten Moment darüber.

Es ist noch ein Platz frei, der letzte! Nebenbei erwähnt Herr Rupp noch, dass Abakan in der chakassischen Sprache „Bärenblut" bedeute und an einem Fluss gleichen Namens liege. Die ganze Reise koste alles in allem weniger als 700 Euro, einschließlich Flug nach Moskau und Novosibirsk, Transsibirischer Eisenbahn nach Abakan und Visagebühren. In Abakan wären wir bei russischen Gasteltern untergebracht und viele Ausflüge würden von den Gastgebern organisiert. Ich bin begeistert. Ich weiß, meine Verbündeten in der Geistigen Welt würden mir den finanziellen Aspekt der Reise ermöglichen, meine angebotenen Seminare mit reichlich Teilnehmern füllen und überhaupt dafür sorgen, dass diese Reise zustande käme.

So war es denn auch.

Eine wunderbare Russischlehrerin, Irina, die gerade in Freiburg Deutsch studierte und aus Abakan stammte, sollte unsere Reisebegleiterin sein.

Ich fragte sie, ob die geträumten Worte etwas auf Russisch bedeuteten? Aber nein!

Es sind noch sieben Tage bis zur Abreise. Ich blättere in einem Kalender mit Tiermotiven, um einem Klienten ein Bild seines Krafttieres mitzugeben. Ich bleibe fasziniert an einem Bild hängen. Auf einer gelben Blüte setzt gerade ein Grashüpfer zu einem Sprung an. Seine Beine und sein Leib sind völlig ausgestreckt. Ich lasse das Bild offen auf meinem Schreibtisch liegen und schaue es mir immer wieder wie hypnotisiert an. Mir ist klar, dass es eine Bedeutung haben muss für mich, sonst würde es mich nicht so sehr in seinen Bann ziehen.

Irgendwann dämmert es mir: Ich werde ja nächste Woche „einen großen Sprung" nach Sibirien machen. Vielleicht bringt mir der Grashüpfer den Sprung in ein neues Bewusstsein?

Diese Annahme schwingt als Wahrheit in mir.

In meinen Krafttierbüchern schlage ich die Bedeutung des Grashüpfers nach. Ich weiß allerdings aus Erfahrung, dass meiner eigenen Wahrnehmung über die Botschaft der Krafttiere immer größere Bedeutung zukommt, als das, was in Büchern steht.

Bei Ted Andrews: „Die Botschaft der Krafttiere" finde ich einige schöne Hinweise, die mir sehr gefallen: Unnachahmliche Sprünge nach vorne, sie finden intuitiv immer die Sonnenseite eines Hügels, sie lieben Licht und Wärme, sie können mit horizontalen Sprüngen das Zwanzigfache ihrer Körperlänge erreichen, usw..

Die Reise startete am 2. August, 2004. Eine lustige Reisegruppe von achtzehn Personen fand sich zusammen. Wir verstanden uns prima und sollten viel Spaß auf der ganzen Reise miteinander haben.

In Frankfurt am Flughafen haben wir noch Zeit bis zum Abflug, und wir versammeln uns auf der Dachterrasse eines Restaurants. Ein Grashüpfer springt direkt auf meinen linken Zeigefinger und bleibt dort die ganze Zeit ungerührt sitzen! Wo kommt er in dieser Asphaltwüste her? Wie kommt er auf das Dach des Terminals, mindestens fünf Stockwerke hoch? Ich bin bewegt über diese Begegnung und empfinde sie als Bestätigung für meine Wahrnehmung. Ich bedanke mich bei diesem unscheinbaren Tierchen für sein Erscheinen. Da er mich nur geistig nach Sibirien begleiten kann, schiebe ich ihn vorsichtig von meinem Finger. Er dreht sich um. Seine Augen schauen direkt in meine und ich habe das Gefühl, sein Blick dringe tief in meine Seele. Für meine Mitreisenden ist es nur eine lustige Episode am Rande, für mich aber ist es ein magisch-mystischer Augenblick.

Wir fliegen an einem Tag von Frankfurt nach Moskau und von Moskau nach Novosibirsk. Dort bleiben wir eine Nacht und haben Zeit, uns diese sozialistisch monumental geprägte Stadt anzuschauen. Wir schlendern am Ufer des riesigen Stromes Ob entlang. Im Fluss, in Ufernähe, erhebt sich ein Springbrunnen, der im Rhythmus von Vivaldis „Vier Jahreszeiten" pulsiert und riesige Fontänen in die Höhe schießen lässt. Verzückt lauschen wir der Musik aus den Lautsprechern und beobachten das erhebende Wasserspiel eine Weile. Als würde hier unbewusst dem Wassergeist gehuldigt!

Am nächsten Tag steigen wir im prachtvollen Bahnhof von Novosibirsk in die Transsibirische Eisenbahn, die mit uns vierundzwanzig Stunden lang nach Abakan rollt. Im Zug ist es sauber und ordentlich, die Betten sind mit frischem Leinen bezogen. Vier Menschen teilen sich ein Abteil, die Toilette wird ständig sauber gehalten. Im Bordrestaurant erwartet uns ein vielseitiges und schmackhaftes Essen. Wir alle sind begeistert.

Links und rechts der Bahnlinie erstrecken sich wunderschöne lichte Birkenwälder, dann wieder Kulturlandschaft mit Weiden und Äckern, die Dörfer wirken armselig. Die oft windschiefen Holzhäuschen erscheinen pittoresk mit ihrem blauen oder grünen Anstrich. Die Pferde sind klapprig, nur selten sehen wir eine Kuh auf der Weide. Viele Männer machen einen sehr verbrauchten und ungepflegten Eindruck. Wir erfahren, dass das Leben hier draußen armselig und hoffnungslos sei, viele griffen aus Verzweiflung zum Alkohol. Die Lebenserwartung, vor allem der Männer, sei sehr niedrig in Russland. Auf dem Land hat sich nicht wirklich etwas geändert für die Bevölkerung seit der Zarenzeit – so scheint es.

Nach einer tausend Kilometer langen Reise, läuft die Transsib pünktlich morgens um 5:50 Uhr in den Bahnhof von Abakan ein. Wir werden von aufgeregten Gastgebern empfangen, mit Salz und Brot als Willkommensgruß. Wir sind alle gerührt von diesem herzlichen Empfang so früh am Morgen.

Meine Gastgeber sind Natalia und Anatoli Fitina. Natalia ist eine kleine, gepflegte und schlanke Frau in meinem Alter mit einer warmen Ausstrahlung. Sie ist Dozentin für angewandte Kunst an der Universität von Abakan. Obwohl sie Russin ist, hat sie die ganze Symbolik der Chakassen, die nur noch 10 % der Bevölkerung ausmachen, studiert und unterrichtet die Herstellung und den Gebrauch traditioneller Kunst an der Universität. Anatoli ist so klein wie seine Frau und fällt mit seinem dunklen Sommerteint und den dunklen Augen auf. Mit seinen fünfundfünfzig Jahren ist er schon ein pensionierter Polizeibeamter und macht gerade eine Ausbildung in Akupressur bei einem chinesischen Arzt in der Stadt.

Natalia überreicht mir als Willkommensgeschenk ein chakassisches „Pogo". Ein halbrundes, perlenbesticktes Amulett, welches die Frauen in Chakassien traditionell auf der Brust tragen. Es strahlt in einer wundervollen Farbzusammenstellung von blauen, weißen, silbernen und orangen Perlen. Das Pogo ist einzigartig unter den Turkvölkern. Es soll ein Modell der Schöpfung darstellen und ist Umay, der Göttin der Mutterschaft gewidmet. Gleichzeitig soll es die Frau vor Feinden und bösen Geistern schützen.

Meine Gasteltern bringen mich zur Wohnung ihrer fünfundzwanzigjährigen Tochter in der Stadt, bei der ich nun wohnen soll. Sie selbst leben weit außerhalb und haben nicht so viel Platz wie Evgenia, die mir lachend im Morgenrock entgegenkommt und mich herzlich willkommen heißt in ihrer modernen Wohnung. Sie ist so klein und zierlich wie ihre Eltern, mit kurzen blonden Haaren. Evgenia spricht etwas Englisch, genug, dass wir uns verständigen können. Mit Natalia und Anatoli spreche ich mit Herz, Händen und Füßen. Das geht erstaunlich gut.

Wir machen in den folgenden Tagen viele Ausflüge in die Umgebung. Wir besuchen den Ort, wo Lenin in der Verbannung gelebt hat. Es ist als Open-Air-Museum liebevoll im Stil der damaligen Zeit eingerichtet, wie ein Bauernhof in Blockhaus- Architektur, mit einigen Nebengebäuden für Stall, Heu und Holz. Es sieht nicht so aus, als hätte Lenin leiden müssen!

Wir besuchen einen der weltgrößten Staudämme, das Sajano-Schuschenskaja Wasserkraftwerk, dessen Mauer bedrohliche 285 Meter hoch ragt und dabei den Fluss Jenissei, den wasserreichsten Fluss in Russland, bändigt. Die Menschen hier sind sehr stolz auf dieses gigantische Bauwerk, und viele Trauungen werden hier vollzogen. An Sträuchern und Bäumen hängen bunte Bänder, die

die Besucher für die Naturgeister aufhängen. Gegenüber hat ein russischer Olympiasieger, der im Ringen eine Goldmedaille erkämpfte, eine große orthodoxe Kirche bauen lassen, die er seiner Mutter widmete. Diese Kirche ist mit dem Staudamm zusammen zu einem wahren Pilgerort geworden.

Die Stadt Abakan mit ihren ungefähr 160.000 Einwohnern ist durch viele Plattenbauten und sozialistische Architektur geprägt, aber sehr großzügig angelegt. Fast alle Straßen sind vierspurig, gesäumt von schattenspendenden Alleen. Geschäfte und Restaurants sind inzwischen sehr modern und gut ausgestattet. Abakan – das fällt wirklich auf – gilt als die sauberste Stadt Russlands, die Einheimischen sind stolz darauf. Die Stadt liegt im Süden Sibiriens am Fuße des Sajan-Gebirges, welches in den Altai übergeht. Eine riesige, orthodoxe Kathedrale wurde erst vor Kurzem eingeweiht, nur aus Spendengeldern finanziert. Seit mehr und mehr Chinesen ins Land kommen, gibt es fast alles in den Läden zu kaufen.

An einem unserer „freien" Tage fahre ich mit Natalia und Anatoli in ihren Schrebergarten vor der Stadt. Ich bin überwältigt von dem, was in den Gärten wächst, von Aprikosen bis Zwiebeln, Himbeeren, Tomaten und Kartoffeln, Bohnen und Rote Beete, Gurken und Kräuter – Herz was begehrst du! Und das in Sibirien.

Vielleicht liegt es daran, dass Abakan etwa auf dem gleichen Breitengrad liegt wie Hamburg. Wir genießen fast täglich um die +27° Grad trockene Sommerwärme. Diese Fruchtbarkeit und Fülle in den Gärten und in der Steppe hatte ich nicht erwartet. Die ganze Stadt ist von einem grünen Gartengürtel umgeben, dahinter öffnet sich die Welt der Steppe. Wir werden vom Bürgermeister empfangen und für das einheimische Fernsehprogramm gefilmt. Wir besuchen die Philologische Fakultät, Abteilung Deutsch, aus deren Studentenschaft uns immer zwei Deutsch-Studentinnen auf unseren Ausflügen begleiten, dankbar für die Chance, Deutsch zu üben. Ich bin zutiefst beeindruckt von den didaktischen Methoden der Deutsch-Dozenten, die ein hervorragendes Deutsch sprechen. Deutsch ist immer noch die erste Fremdsprache im Land.

Irina, die sehr freundlich und aufgeschlossen wirkt, ist die Leiterin der Deutschfakultät. Sie spricht mich gezielt an. Sie hat mit Valentina Nikolajewna von der Fakultät für Psychologie und Schamanismus gesprochen. Sie und ihre Studenten wären sehr an einem Austausch mit mir interessiert. Valentina wird uns am Montag zu einem Skythengrab begleiten. „Dabei wird Valentina dann deine Energie spüren können", meint sie augenzwinkernd. Es hat sich wohl schon herumgesprochen, dass ich schamanisch arbeite. Ich bin elektrisiert und sehr gespannt auf diese Begegnung, „wittere" förmlich die geistige Führung. Wir gehen ins Theater und dürfen ein Puppenspiel in eindrücklicher Perfektion erleben. Wir besuchen ein Konzert des besten Kehlkopfsängers aus der Nachbarrepublik Tuwa. Wir unternehmen einen Ausflug in die Steppe, und erleben ein Picknick ohnegleichen. Jeder der Gasteltern hat großzügig und liebevoll einiges dazu beigetragen.

Ich bin überwältigt vom Blumen- und Kräutermeer, welches sich vor mir ausbreitet: Edelweißmatten, Arnica und Schafgarbe, Enzian und Margariten, Kamille und Schachtelhalm, Beifuß und jede Kräuterart, die man sich nur vorstellen kann. So könnten also auch unsere Wiesen noch aussehen!

Natalia zeigt mir in ihrer Wohnung die Vorräte von Kräutern, die die Einwohner üblicherweise noch für den Hausgebrauch, für jedwede Wehwehchen und Krankheiten sammeln.

An einem anderen freien Tag fahren meine Gasteltern mit mir an den Fluss Abakan. Wir treffen dort andere Mitglieder der Reisegesellschaft und zusammen tuckern wir auf einem gemieteten Kajütboot den Abakan hinunter. Wir legen an einer Insel mitten im Fluss an und steigen aus. Hier soll miteinander gegrillt, gegessen, ordentlich getrunken und gefeiert werden. Wir sind nachhaltig beeindruckt vom Organisationstalent unserer russischen Freunde. Für alles ist Vorsorge getroffen, und das Essen fällt so üppig aus, als wäre es das letzte große Mahl für viele Wochen. Ich bin froh, dass Natalia und ihre Familie Vegetarier und Abstinenzler sind, was hier vor Ort ziemlich außergewöhnlich ist. Sie sorgen zwar auch immer für ein Stückchen Fleisch oder Fisch für mich – mehr als ich es zu Hause essen würde – aber die Grundlage der Mahlzeit ist immer das Gemüse.

Wir verbringen Stunden auf der Insel und ich pflücke ein großes Bündel Beifuss, welches ich zum Räuchern mit nach Hause nehmen möchte.

Feucht fröhlich geht es zurück zum Boot.

Bevor ich ins Boot steige, leuchtet mir ein Flusskiesel entgegen, rot-braun mit einem gelben Streifen rund herum an der glatten Basis. Nach oben läuft er länglich-rund zu, und er liegt wie ein Handschmeichler in meiner Hand.

Obwohl ich mir verboten habe, irgendwelche Steine mit nach Hause zu schleppen, kann ich einfach nicht widerstehen.

Zurück am Abend stelle ich den Stein in der Wohnung auf meinen kleinen Altar. Evgenia kommt und nimmt ihn interessiert in die Hand.

„Ein Bär", ruft sie ganz erstaunt. Ich schaue mir den Kiesel jetzt das erste Mal richtig an. Tatsächlich, ich habe mir einen Bären aus dem Fluss „Bärenblut" gefischt! Auch für mich ist er im Stein zu erkennen, dazu braucht es keine Fantasie. Welch' ein Geschenk des Flusses! Ich danke sofort und innig dem Steingeist, dem Wassergeist und meiner Bärin für diese glückliche Fügung und fühle mich aufgehoben im Universum.

Am drittletzten Tag unseres Aufenthaltes machen wir einen Ausflug zu dem berühmten Skythengrab Salbyk.

Es wurde in meinem Geburtsjahr 1954 von Archäologen entdeckt. Sein Alter wird auf 2600 Jahre geschätzt und einst war es wohl dreißig Meter hoch. Es soll für einen bedeutenden Fürsten aus Stein und Erde gebaut worden sein, ähnlich den mexikanischen Stufenpyramiden. Heute ragt nur noch das Gerippe von gigantischen Felskolossen, bis zu vierzig Tonnen schwer, wie ein Steinkreis in die endlose sibirische Steppe. Keiner kann sich erklären, wie diese Giganten hierhergekommen sind.

Die Gruppe fährt in einem Bus schon vor. Meine Gasteltern, unsere Übersetzerin und ich holen noch Valentina Nikolajewna an der Universität von Abakan ab. Sie ist Chakassin, deutlich erkennbar an den mongolischen Gesichtszügen zu erkennen. Sie ist klein und sportlich gekleidet für den Ausflug in die Steppe. Als Leiterin der Fakultät für Psychologie und Schamanismus ist sie prädestiniert, uns eine kundige Führerin zu sein. Ich freue mich sehr, sie kennenzulernen, und bedauere, dass wir im Westen geistig noch nicht so weit entwickelt sind, um Schamanismus und Psychologie zusammen zu lehren! Durch Valentina kann ich tiefere Einblicke in die Ritualwelt und Denkweisen der chakassischen Schamanen erhaschen. Eine heitere und warmherzige Atmosphäre breitet sich zwischen uns beiden aus. Sie erzählt mir von einem Projekt der Universität, an dem sie als Wissenschaftlerin beteiligt ist. In der Studie geht es um die hohe Selbstmordrate, die unter den chakassischen Jugendlichen, vor allem den männlichen, herrscht. Es wird versucht, mit Psychotherapie und Schamanismus zu helfen, und sie forscht auf diesem Feld.

Einmal befragte ich eine junge Russin, ob die jungen Frauen auch Chakassen heiraten würden. Sie machte mir klar, dass sie nicht ihrem Schönheitsideal entsprechen, und außerdem haben sie O-Beine. Bei uns hätten die jungen Männer als „Exoten" wohl Vorteile.

Auf der langen Fahrt nach Salbyk zum Skythengrab (etwa fünfundachtzig Kilometer) erzählt Valentina Nikolajewna mir, dass sie zwar schamanisch arbeite, aber keine Initiation von einem chakassischen Schamanen erhalten habe, was sie sehr bedaure. Hierzu muss ich erwähnen, dass auch die chakassischen Schamanen, wie die Schamanen in der ganzen ehemaligen Sowjetunion, während der grausamen, jahrzehntelangen Verfolgung durch die Kommunisten fast alle ausgelöscht wurden. Nur in der angrenzenden Republik Tuwa, wo es wirtschaftlich nichts auszubeuten gab, konnte sich der Schamanismus, nur heimlich und versteckt, bis in die heutigen Tage lebendig erhalten.

Die Psychologin Valentina nutzt die Chance, eine „Schamanin" im Auto neben sich zu haben und befragt mich zu einem Traum, der von ihrer Mutter handelt, und den sie erst kürzlich geträumt hatte. Sie ist an meiner Meinung interessiert, da sie sich keinen Reim darauf machen kann und darüber sehr beunruhigt ist:

Ihre Mutter ist wieder jung im Traum, sitzt in einem Sessel und hält ein Kleinkind an der Hand. Sie lacht. Valentina jagt die Mutter sofort davon, so wie sie gelernt hat, alle verstorbenen Geistwesen zu verjagen. Was soll das wohl bedeuten? Ich erkläre ihr, dass ihre Mutter nun als geistiges Wesen in einer anderen Dimension lebt. Wenn die Verstorbenen ihren Körper ablegen, dann nehmen sie oft ein Alter an, als seien sie in ihren späten Zwanzigern. Ich bin der Überzeugung, ihre Mutter wollte ihr nur zeigen, dass sie lebe, dass es ihr gut gehe und sie und Valentina auch jetzt zusammen sind. Valentinas Augen leuchten vor Freude. Sie nickt heftig und sagt immer wieder auf Russisch: „Da, da, da!" Ich erkläre ihr auch, dass wir nie die Geister „wegschlagen", wie die Schamanen es dort praktizieren, sondern, dass wir sie ins Licht bringen, falls sie noch in der Zwischenwelt feststecken.

Nun erzählt sie mir, dass sie mit Kollegen am Wochenende in einer Höhle war, in der viele alte menschliche Knochen gefunden wurden. In einem kleinen Häuschen neben der Höhle lag eine Ansammlung dieser Knochen, ausgestellt wie in einem Museum. Alle Teilnehmer des Höhlenbesuches hatten Durchfall bekommen, obwohl jeder sein eigenes Picknick dabei hatte. Da das Essen und Trinken nicht als Ursache in Frage kommt, nehme ich an, dass der eine oder andere der Verstorbenen in der Höhle oder im Häuschen noch nicht im Licht war. Vielleicht waren sie auch im Leben stürmische Charaktere gewesen und hatten die Besucher, durch den Mangel an eigener Energie regelrecht ausgesaugt.

Wir dürfen nicht vergessen, dass es arme Seelen gibt, die noch nicht ins Licht geführt worden waren. Solche Begegnungen können durchaus mit unangenehmen körperlichen Symptomen enden. Allerdings könnten als Ursache genauso gut Pilzbefall oder Leichengifte in Frage kommen – die Symptome wären somit medizinisch begründbar.

Wie ich bald merke, weiß Valentina aber mit Grabstätten sehr respektvoll umzugehen. Das Museum voller

Knochen behandelte sie augenscheinlich nicht als Grab.

Als wir nach einem letzten holprigen Stück Piste in der weiten Steppe am Skythengrab ankommen, nimmt Valentina ihren Tensor und überprüft die Energie eines jeden einzelnen Besuchers. Wir dürfen uns keinem Grab nähern, im Falle unser Energiefluss wäre zu niedrig, schärft sie uns ein. Bei zwei Teilnehmern stellt sie diesen Zustand fest und lässt die beiden eine ganze Strecke über die Steppe rennen. Als diese laut atmend zurück sind, testet sie wieder, dieses Mal zu ihrer Zufriedenheit. Als ich an der Reihe bin, lacht sie und schiebt mich ungetestet zur Seite. Wir hatten lange genug nebeneinander im Auto gesessen, sie kennt meinen Energiefluss.

Auch jetzt dürfen wir noch nicht zum Grab gehen. In einiger Entfernung ragen zwei große Menhire auf, der eine weiblich und der andere männlich, wie Valentina erläutert. Sie fordert uns auf, jeden der Steine zu begrüßen, die wie Wächter vor der Grabanlage in der Steppe stehen.

Ich lehne mich mit der Brust an den Mutterstein und breite meine Arme aus. Sofort spüre ich die Verbindung zum Vaterstein. Diese zwei Menhire bilden ein energetisches Tor für diese Grabanlage. Mir ist, als würden Tausende von Menschen in hunderten von Jahren hier durchziehen. Ich höre ihr Wispern und ihre Fußtritte wie aus weiter Ferne. Die Gegenwart der Ahnen ist sehr deutlich spürbar. Gleichzeitig werde ich wie eine Batterie energetisch aufgeladen. Als ich mich mit dem Rücken an den Vaterstein lehne, der nur ein paar Schritte vom Mutterstein entfernt steht, rassele ich ein wenig um die Steingeister zu ehren, die hier seit über 2000 Jahren erfolgreich „ihren Dienst tun". Kaum habe ich meine Augen geöffnet, fällt mein Blick neben den Stein. Dort liegen mir zu Füßen ein paar wunderschöne weiße Eulenfedern mit hellbraunen Streifen auf der Erde. Keiner der Besucher hat sie vor mir bemerkt. Noch nie habe ich Eulenfedern gefunden. Ich hebe diese Federn dankbar auf und fühle mich wieder einmal von den Geistern beschenkt.

Wir dürfen uns noch immer nicht dem Grab nähern. Ein kleines Feuer wird entfacht. Wir müssen erst barfuß einen Steinhaufen dreimal umwandern, der zwischen dem Steintor und der Grabanlage liegt und bunte Stoffstreifen daran befestigen, die uns von Valentina gereicht werden. Ein schwarzes Band müssen wir gleich, als Symbol für schlechte Energie, verbrennen. Ein blaues, weißes und rotes Band wird beim Steinhaufen befestigt. Das blaue steht für den Kosmos, das rote für die Erde und die Liebe, und das weiße für die Reinheit. Jeder soll einen Stein aufheben und dem Haufen hinzufügen. Das alles findet statt, um die Geister des Ortes zu beschenken und sie zu ehren.

Nun endlich dürfen wir die Grabanlage umrunden. Im dichten Gestrüpp scheuchen wir unzählige Stechmücken auf, die ungeheuer lästig sind. Es stehen nur noch die wuchtigen massiven Felsbrocken in einem großen Kreis verstreut da. Valentina nimmt mich bei der Hand und führt mich an einen schräg liegenden mächtigen

Felsblock. Sie geht hinauf, legt sich ganz vorne darauf nieder und breitet die Arme aus, als wolle sie davon fliegen. Sie lädt mich dazu ein, das Gleiche zu tun. Ich balanciere den schrägen Felsen hoch, der nur so breit ist wie mein Körper und ins Nichts ragt und lege mich nieder, so wie sie es vorgemacht hat.

Ich schließe die Augen und werde sofort weggetragen. Ich bin plötzlich ein Vogel, der dem Himmel zuschwebt. Der Stein hat eine so hohe Schwingung, dass ich sofort in eine Tiefentrance falle. Ich spüre, dass dieser Stein und die ganze Anlage der Seele des Verstorbenen helfen soll, in die andere Welt zu gelangen. Die ganze Konstruktion ist auf dieses Ziel abgestimmt.

Die ganz profanen Stechmücken unterbrechen meinen „Seelenflug" abrupt. Rückwärts, auf allen Vieren kriechend, bewege ich mich wieder auf festen Boden zu.

Auf der linken Seite zum Eingang der Grabanlage liegt der Frauenstein. Er ist umgefallen oder wurde umgestürzt, so genau weiß das keiner. „Wie symptomatisch für unsere patriarchale Welt," denke ich bei mir. Auf der rechten Seite steht noch ein besonders gewaltiger Stein, sechs Meter hoch. Er soll von einer siebzig Kilometer entfernten Stelle am Jenissej stammen, und es ist klar ersichtlich, dass er die Form eines Phallus hat. Valentina macht uns darauf aufmerksam, dass er die Erinnerung von über 2000 Jahren in sich trägt.

Ich lege meine Stirn und die Hände an diesen Stein und schließe meine Augen. In Sekundenschnelle bin ich in einer Welt von Pelzhändlern, die mit Perlen und Kaurimuscheln ihre Ware bezahlen. Wege gibt es kaum, und das Reisen ist mühsam, sommers wie winters. Ich habe nicht das Gefühl, dass ich da zuschaue, sondern dass ich ein Einheimischer bin, der gerade Pelze gegen Perlen tauscht. Besonders habe ich es auf die Kaurimuscheln abgesehen.

Unsanft werde ich zurückgeholt, da die Mücken wie wild stechen und mir fürchterlich zusetzen.

Valentina verbrennt nun im kleinen Feuer Brot und Käse für die Geister. Es ist eine alte Tradition um die Geister friedlich zu stimmen. Sie verbrennt deutsche Käseecken von der Marke „Hochland", die es im Laden in Abakan zu kaufen gibt! Eine deutsche Opfergabe für sibirische Geister.

Als wir uns alle zur Abfahrt sammeln, eröffnet uns Valentina, dass wir zum Abschluss zu einem kleinen Teich fahren, um uns die Hände zu waschen. So wird sichergestellt, dass wir keine negativen Energien mit nach Hause nehmen. Wir ruckeln ein kurzes Stück über Holperstrecken zu einem seichten Gewässer. Wenn ich zuvor glaubte, die Stechmücken am Grabmal seien eine Plage, dann habe ich keine Beschreibung für dieses kurze Erlebnis.

Wir sind kaum aus unseren Fahrzeugen entstiegen, als uns Myriaden von Stechmücken überfallen. In Windeseile tauchen wir unsere Hände in den Tümpel und bringen uns sofort wieder in Sicherheit in Auto und Bus. Als Entschädigung fahren wir in eine höher gelegene Gegend, um dort relativ mückenfrei und ausgiebig nach russischer, sehr üppiger Art zu picknicken.

Gemeinsam fahren wir anschließend zurück nach Abakan. Eigentlich wollen wir nur Valentina in ihrem Büro in der Universität absetzen, aber was nun folgt, haben meine Geisthelfer und Ahnen schon mindestens ein Jahr vorher eingefädelt!

DIE SCHAMANIN TATJANA

 Valentina lädt uns noch freundlich zu einem Tee in ihr Büro ein. Mein Gastgeber Anatoli erzählt ihr, dass ich meine Trommel dabei habe. Sie ist sofort Feuer und Flamme und möchte, dass ich meine Trommel hier und jetzt schlage. Gesagt, getan. Anatoli holt meine Trommel aus dem Auto, und ich beginne, den schnellen, vertrauten Rhythmus zu schlagen.

Ich gehe in Kontakt mit den Geistern des Ortes. Ich bedanke mich bei ihnen für die gute Aufnahme in Abakan und den Schutz und die Freude, die mir geschenkt werden. Ich bedanke mich bei Valentina, dass sie uns so einfühlsam nach Salbyk geführt hat und danke für einen Segen der geistigen Welt für diese liebenswerte Frau. Plötzlich höre ich, wie Valentina zu schluchzen beginnt und bin überrascht und berührt. Mir ist klar, dass sie gerade selbst eine Erfahrung durchlebt in der Trance, die mein Trommelrhythmus bei ihr auslöst. Als sie wieder ruhiger wird, verändere ich den Rhythmus abrupt und lege dann die Trommel nieder.

Sie habe sich und mich in Afrika um ein Feuer tanzen sehen, erzählt Valentina bewegt. Sie ist überzeugt, dass wir uns schon lange kennen. Was Wunder: das warme Band zwischen ihr und mir sprach von Anfang an dafür.

Und dann sehe ich Grashüpfer! Er sitzt auf einem Hosenbein meiner Gastgeberin Natalia. Er hat sich mit ihr von Salbyk in dieses Büro geschmuggelt. Ich bin gerade damit beschäftigt, mich im Geiste bei ihm zu bedanken, da fliegt die Tür auf und eine Chakassin meines Alters tritt ein, einen jungen Mann im Gefolge. Sie schaut mit forschenden Augen von einem zum anderen im Zimmer und bleibt mit ihrem Blick an mir hängen.

„Dein Krafttier ist der Bär und dein Geistführer ein nordamerikanischer Indianer", ruft sie aus.

Ich bin völlig perplex. Das ist die ungewöhnlichste „Begrüßung", die ich je erfahren habe. Sie hat meine „Bärenkraft" und den indianischen „Großvater", wie ich ihn nenne, sofort bei mir wahrgenommen. Er ist, neben Isis, ein mir lieb gewonnener Geistführer.

Ich erfahre, dass diese Frau eine chakassische Schamanin ist: Tatjana Kobezhikova. Der junge Mann ist ihr Lehrling.

Sie ist sehr in Eile, um ihre Tochter noch rasch in der Stadt aufzusuchen, da sie wieder mit dem Bus zurück in ihr Dorf will. Aber die Geister haben ihr geboten ins Büro von Valentina zu gehen, was sie nur widerstrebend getan hat! Valentina lädt auch sie zu einem Tee ein, was Tatjana nun, zwar unter Zeitdruck, aber höflich, annimmt. Mir fällt plötzlich mein Traum wieder ein mit den seltsamen Worten: „ger cham". Ich lasse durch Irina, unserer Übersetzerin, bei Tatjana anfragen, ob sie vielleicht die Bedeutung dieser Worte kenne. Tatjana und Valentina beraten kurz und kommen dann übereinstimmend zu dem Schluss, dass diese Worte chakassischen Ursprungs sind und „Gehe zu einem Schamanen" bedeuten. Ich bin wie vom Donner gerührt!

„Nun musst du wohl mit mir kommen", meint Tatjana trocken und gleichwohl pragmatisch.

Ich frage sie, ob ihr auch etwas zur „Sonnenvertikale" einfällt, diesem seltsamen Bild aus meinem Traum vor einem Jahr. „Dir bleibt nichts anderes übrig, als mit mir zu kommen", wiederholt sie stoisch. Sie mustert mich eingehend. In der Nähe ihres Dorfes, der ältesten Siedlung des Landes, gibt es einen uralten schamanischen Einweihungspfad mit neun Toren, der „Sonnenpfad". Diesen Pfad müsse ich gehen. Ich bin sprachlos!

Natürlich möchte ich mich gerne Tatjana anschließen! Das Problem ist nur, dass unsere Reisegruppe in drei Tagen schon wieder nach Deutschland zurückfährt – und Tatjana wohnt über 200 Kilometer von Abakan entfernt in den Sajan-Bergen. Was immerhin drei Stunden Autofahrt bedeutet.

Eine lebhafte Diskussion unter den Anwesenden entsteht. Meine großartigen Gasteltern erklären sich bereit, mich und Tatjana am nächsten Tag in die Sajan-Berge zu fahren. Dort werden wir eine Nacht bleiben, und Tatjana wird zeitig am nächsten Tag mit mir den Einweihungspfad gehen. Am Spätnachmittag müssen wir dann schleunigst zurück nach Abakan. Ich frage mich nur, wie wir uns verständigen werden, denn Irina, die Dolmetscherin, kann nicht mitkommen. Aber, was soll's! Die Geister werden es schon richten!

In der Nacht träume ich von einem alten Bretterzaun, an dem drei Wagenräder befestigt sind. Ich erinnere mich im Traum, dass Räder seit Urzeiten Symbole für die Sonne sind. Die Sonnenräder erzählen mir, dass ich den „Sonnenpfad" gehen werde. Träumend erinnere ich mich auch, dass Mutter Erde mich „Hummingbird" genannt hat, als ich bei ihr in einer schweizer Höhle über die Dunkelheit und Feuchte gejammert habe und erkenne den Zusammenhang nicht. Oder bin ich der „Sonnenvogel" der auf dem „Sonnenpfad" geführt wird?

Erst viel später begreife ich, dass ich auf diesem alten „Sonnenpfad" durch drei Einweihungstore (Sonnenräder) geführt wurde und Mutter Erde sich mir erneut gezeigt hat. Und es war wieder dunkel und feucht, wie in der Schweizer Höhle!

Meine Gasteltern, Tatjana und ich machen uns früh auf den Weg in Tatjanas Heimatdorf „Malaya Siya" (Kleines Geschenk). Ein typisches, kleines russisches Dorf mit 250 Einwohnern, mit blau und weiß gestrichenen Holzhäuschen auf großen Grundstücken, jedes umgeben von hohen Bretterzäunen. Das Dorf liegt am Fluss „Belij Jus". Er ist recht breit für einen Bergfluss, schätzungsweise 20 Meter, aber dafür nicht sehr tief. Sein Name bedeutet „Weißer Weg" und sollte noch eine Bedeutung für mich bekommen. Die Gegend erinnert an die Schweizer Berge.

Tatjanas Haus ist klein, zwei kleine Schlafzimmer, ein kleines Wohnzimmer, und eine kleine Küche. Draußen gibt es eine Wasserpumpe und ein Plumpsklo.

Wir treffen Rita an, eine Frau aus Vilna in Litauen, die vor drei Wochen mit einer größeren Gruppe für zehn Tage von Tatjana auf schamanische Wege geführt wurde.

Sie hatte das Bedürfnis, noch einmal alleine her zu kommen. Und siehe da, sie spricht recht gut Englisch und natürlich Russisch, was mein Problem der Verständigung sofort in Wohlgefallen auflöst. *Die Geister haben es gerichtet!*

Tatjana, meine Gasteltern und ich machen gleich nach der Ankunft noch einen Spaziergang hinunter zum Fluss. Die Sonne scheint, es ist noch sehr warm am Tag. Tatjana entkleidet sich hinter einem Gebüsch und steigt in den Fluss. Sie gibt mir zu verstehen, dass sie das jeden Tag macht, wenn sie im Dorf ist. Sie taucht nur einmal unter und steigt wieder heraus. Als sie wieder angezogen ist, spielt sie ein paar Takte auf der Maultrommel: Ein Dank an den Flussgeist! Ich kann von klein auf klaren Wassern nicht widerstehen und mache es ihr nach. Das Wasser ist unerhört kalt, trotz Sommerwärme, aber nach der langen Holperreise im engen Auto köstlich erfrischend. Ein Gesicht aus Stein lacht mich von einem Kiesel im Wasser an, als wäre es der Flussgeist selbst, der sich mir zeigt. Ich summe ein heiteres Lied für ihn. Meine Gasteltern bleiben respektvoll auf Abstand, bis wir wieder angezogen sind.

Meine Gasteltern Natalia und Anatoli haben den ganzen Kofferraum voller Decken, Kissen, warmen Mänteln und Verpflegung gepackt. Sie wissen, dass wir uns ein Bett bauen müssen, da Tatjana uns vorgewarnt hatte: ihr Heim sei bescheiden. Das ist es. Gemütlich und sauber dazu. Ich kenne diese Art des Lebens aus meiner Kindheit in der ehemaligen DDR. Unser Haus war genauso klein gewesen, ebenso mit Wasserpumpe und Plumpsklo auf dem Hof.

Nach der Abendmahlzeit sitzen wir zusammen und erzählen. Tatjana fragt mich nach meinem Lebenslauf, sie will viele Einzelheiten wissen. Die Geschichte, dass ich unterwegs zum Krankenhaus in einem Auto zur Welt kam, lässt sie interessiert aufhorchen. Sie lässt mich wissen, dass sie auf dem Weg zur Krankenstation bei der Flussüberquerung in einem Ruderboot zur Welt kam. Die ganze Zeit kreiste ein Adler tief über dem Boot.

Beide Elternteile waren Schamanen, was aber verheimlicht werden musste. Nur der Vater konnte sein Wissen an sie weitergeben, da die Mutter sehr früh starb. Während der Sowjetzeit wurden die Schamanen im ganzen Riesenreich verfolgt, eingesperrt oder auch reihenweise getötet. Schamane zu sein bedeutete durchweg Gefahr für Leib und Leben.

Meine Eltern waren als bekennende Katholiken in der DDR immer Schwierigkeiten und Denunziationen ausgesetzt. Meine Mutter wurde sogar verhaftet und kurzfristig eingesperrt. Um diesem Schrecken zu entgehen, blieb ihnen nur die Flucht in den Westen.

Tatjana gibt zum Besten, dass sich ihr Vater, nach ihrer Geburt auf dem Boot, bei der Ankunft an Land vor lauter Aufregung über das Erlebte ordentlich betrank. Auch mein Vater war nach meiner Geburt im Auto in einem Schockzustand, sodass selbst die Hebamme kopfschüttelnd fragte: „Wer hat denn nun hier das Kind bekommen? Mutter oder Vater?"

Ich erwähne, dass ich mit zehn Geschwistern groß wurde. Tatjana wuchs mit zehn Kindern auf, aber manche davon waren ihre Cousins. Initiiert wurde sie von einem tuwinischen, einem burjatischen, einem kanadischen und einem tibetischen Schamanen. Bei meiner Ausbildung musste ich auf amerikanische und schweizer Hilfe zurückgreifen. Tatjana und ich sind auch gleich alt. Diese Zusammenhänge haben uns sehr amüsiert und uns auch zu denken gegeben. Die Schamanin meint, dass wir schon durch unsere Geburt und unser Leben verbunden sind.

Zu einer dramatischen Wende in ihrem noch jungen Leben gibt es bei mir jedoch keine Entsprechung: Mit neun Monaten wurde Tatjana für klinisch tot erklärt. Der heftige sibirische Winter machte es für die trauernde Familie unmöglich, sie zu beerdigen. Man legte sie in den Heizraum, um sie bei Gelegenheit dem Feuer zu übergeben. Als der Heizer sie auf die Schaufel legte, bewegte sie sich plötzlich wieder. Der Heizer wurde verrückt.

Als man ihrer trauernden Mutter die Botschaft brachte, fiel diese tot um, wahrhaft und im eigentlichen Wortsinn zu Tode erschrocken.

Bevor ich nach dem langen und aufregenden Tag ins Bett falle, hat Tatjana noch ein „Betthupferl" für mich: Ich sähe aus wie Karl Marx! Ich lache los über diesen Vergleich, bin ich doch weder ein Mann, noch habe ich einen grauen Bart. Ich nehme mir im Bett liegend vor, zu Hause ein Bild von Karl Marx einmal näher zu betrachten. Am Morgen kommt es dann noch dicker. Tatjana lässt mich wissen, sie habe mir im Traum den Bart von Karl Marx gebracht und angeklebt!

Wir fahren am nächsten Tag gegen 11 Uhr los. Anatoli bringt Tatjana, Rita, Natalia und mich etwa 4 Kilometer weiter zu einem von Tatjana ausgewiesenen Platz am Flussufer. Das Ufer fällt an dieser Stelle mindestens drei Meter steil zum Fluss ab. Tatjana packt ihr buntes Schamanenkostüm aus und legt es nun an: Auf den Kopf setzt sie ein schwarzes Stirnband, rundherum mit Adlerfedern bespickt. Nicht nur die nordamerikanischen Indianer drücken so ihre Verbindung zur Geistigen Welt aus. Ihr schwerer schwarzer Mantel ist behängt mit roten und türkisen Stoffstreifen, an denen unzählige Glöckchen bimmeln. Kauri-Muscheln bilden Ornamente. Die Lederstiefel reichen bis an die Knie, bunt verziert wie der Mantel. Tatjanas mächtige Schamanentrommel bedeckt ihren ganzen Oberkörper. Sie macht nun einen sehr festlichen und würdigen Eindruck. Ich fühle mich sehr geehrt und berührt, dass sie den Auftrag der Geister, mich auf diesem Pfad zu führen, sehr ernst nimmt und voller Hingabe umsetzt. Rita und ich werden beauftragt, allen Müll zusammenzusammeln, der weltweit der gleiche zu sein scheint, selbst hier, im hintersten Sibirien: Plastikflaschen, Glasflaschen, Zeitungsfetzen, Pappbecher, inklusive zweier Batterien. Mit etwas Holz sollen wir daraus ein Feuer entfachen. Nach meinem Empfinden gehört Abfall nie in ein Ritualfeuer. Das widerstrebt mir total. Tatjana muss meine Zweifel und meine innere Abwehr gespürt haben. Sie erklärt, dass sie damit Mutter Erde reinigen würde von dem Unrat, den andere hinterlassen haben. Da ich Gast bin, füge ich mich den hiesigen Gepflogenheiten. Nach zehn Jahren Afrika habe ich viel Toleranz gelernt.

Kaum ist das Feuer entfacht, da fliegt Tatjanas Krafttier, der Adler heran und kreist unentwegt über uns. Es ist, als beobachte er unser Treiben. Das Feuer will nicht so recht brennen. Tatjana zielt mit ihrer offenen Handfläche in Richtung des Feuers, plötzlich bricht eine große Flamme hervor. Sie füttert das Feuer mit Brot als Dank an die Geister. Sie bittet mich, mit dem Trommeln anzufangen.

Ich trete zuerst in Kontakt mit dem Feuergeist. Ich danke ihm, dass er trotz der spärlichen und unbekömmlichen Nahrung für uns brennt und uns das Feuer des Lebens und der Transformation schenkt.

In diesem Augenblick gibt das Feuer einen lauten Knall von sich. Vor Schreck öffne ich die Augen. Ich nehme an, dass die Batterien explodiert sind und Tatjanas und meine Augen treffen sich. Rita übersetzt mir: „Der Geist des Feuers hat deinen Dank angenommen!" Tatjana sagt es mit Überraschung, gar Hochachtung in der Stimme. Mir wird plötzlich klar, dass sie meine Fähigkeiten als deutsche Schamanische Praktikerin, nur schwer einschätzen kann, da der Schamanismus in unseren Breiten seit vielen Jahrhunderten nicht mehr lebendig ist. Vielleicht hat sie sich schon die ganze Zeit gefragt, warum ihr die Geister so einen „Grünschnabel" ins Haus geschickt haben.

Ich trommele weiter und bedanke mich bei Adler, der gekommen ist, um uns zu führen und zu schützen. Ich danke Mutter Erde für ihre Geduld mit uns Umweltverschmutzern. Ich danke meinen Verbündeten, dass sie mich so weit geführt und beschützt haben und spreche mein Vertrauen aus, dass sie es auch noch weiter tun werden. Ich danke für einen Segen für meine Gastgeber, die den enormen Aufwand in Kauf genommen haben, um mich hierher zu begleiten. Ich danke für die Anwesenheit von Rita, die die Kommunikation mit Tatjana und meinen Gasteltern erst ermöglicht.

Tatjana setzt nun ein mit ihrer Trommel und ich verliere mich in einem Gefühl unendlicher Freude und Dankbarkeit für das Leben, in einem Gefühl der Verbindung mit allem was ist.

Nach etwa einer Viertelstunde legt Tatjana die Trommel beiseite, geht zum Auto zurück und verstaut ihr Ritualkostüm wieder im Kofferraum. Nun machen wir uns auf den Weg, Tatjana, Rita, Natalia und ich, dem uralten schamanischen Einweihungspfad zu folgen. Er beginnt keine zwanzig Schritte vom Feuerplatz entfernt, eine Böschung hinauf. Tatjana bezeugt mir Glück, da ich schon an diesem Fluss mit Namen „Weißer Weg" gelandet sei. Parallel laufe noch ein Fluss, der „Schwarze Weg", und irgendwann fließen die beiden dann ineinander über. Die Andeutung über den „Schwarzen Weg" klingt recht finster, und ich bin dankbar, dass ich an diesem „weißen" Fluss meine Erfahrungen machen darf.

In mir schwingt die Hochachtung für all die Ahnen, die diesen Weg seit Jahrtausenden gegangen sind. Tatjana tritt so unvermittelt vor mir in eine Höhle, dass ich völlig überrascht bin. Am Eingang sind uralte Felsmalereien zu sehen, vermischt mit modernen Graffiti. Ich kann nicht umhin zu denken: „Selbst hier, im hintersten Sibirien, geht die Achtung für das Schaffen der Ahnen verloren!"

Tatjana berichtet, die Felsmalereien, auch im Innern, seien mindestens 30 000 Jahre alt. Die Höhle wird „Tränenhöhle" genannt. Als sich meine Augen an die Dunkelheit gewöhnen, ruft mich Tatjana zu einer besonderen Stelle. Eine fußballgroße vertikale Öffnung, schätzungsweise drei bis vier Meter hoch, wahrscheinlich von Wasser geschaffen und glatt poliert, lässt helle Sonnenstrahlen in die Höhle fallen. Meine „Sonnenvertikale"!

Tatjana fordert mich auf, mich an diesem Sonnenpunkt zu platzieren. Ich bin so bewegt, dass ich den spontanen Wunsch habe, für Vater Himmel und Mutter Erde ein paar Takte auf der Flöte zu spielen, die ich zusammen mit meiner Trommel und Rassel in einem Rucksack mit mir trage. Ich frage Tatjana um Erlaubnis. Sie nickt zustimmend und lässt mir durch Rita ausrichten, ich solle nach dem Flötenspiel in den hintersten Bereich der Höhle kriechen, um dort auf dem Rücken liegend Kontakt mit Mutter Erde aufzunehmen. Sie verlässt mit Rita die Höhle und ich bin mit Mutter Erde allein.

Ich stelle mich unter den Sonnenstrahl und fange an zu spielen, einfache Töne, so wie sie kommen wollen. Mir laufen die Tränen und ich muss ständig absetzen, um den Speichel zu schlucken, der wie eine sprudelnde Quelle in meinem Mund zu fließen beginnt.

Ein hochenergetischer Kraftplatz, der die Trance fördert – da passiert es schon mal, dass alle Körpersäfte zu fließen anfangen: Schweiß, Spucke, Rotz und/oder Tränen! Die „Tränenhöhle"! Ich beende mein Spiel, stehe einfach nur still. Mir wird wieder einmal bewusst, dass die Menschen die Mittler zwischen Himmel und Erde sein sollen, zwischen Geist und Materie, zwischen Innen und Außen.

Mein Traum fällt mir wieder ein, die stilisierte Frau, die von einem Sonnenstrahl bis tief in die Erde hinein durchdrungen wird. Und der Kreis der vielen Frauen, die von der Sonnenvertikale erfasst werden. Ich denke an all die Frauen, die hier schon standen und deren Kreis ich nun um meine Kraft vergrößere. Mein Vertrauen in die Geistige Welt dringt augenblicklich noch eine Ebene tiefer in meine Zellen hinein. Die Geistwesen wussten schon vor einem Jahr, dass ich hier sein werde!

Nun krieche ich auf allen Vieren in die hinterste Ecke der Höhle und lege mich auf den Rücken.

Ich rufe Mutter Erde, und unmittelbar nehme

ich ein Stöhnen wahr, welches ich aus meinen eigenen Geburtswehen kenne. Mutter Erde liegt in den Wehen! Sie will eine neue Erde gebären. Diese Erkenntnis ist so schlagartig da und geht so tief, dass ich zu Weinen beginne. Ich fühle zutiefst mit ihr, und ich weiß, dass diese Wehen auf der Erde sichtbar werden, sei es als Sturm, als Erdbeben, als Tsunami oder als Vulkanausbruch. Plötzlich nehme ich Mutter Erde als junge gebärende Frau in meinen Armen wahr. Ich kühle ihr immer wieder die Stirn, streiche ihr die nassen Haare aus dem Gesicht und halte sie voller Mitgefühl eine lange Zeit.

Aber ich fühle mich auch klein und hilflos dort in ihrem dunklen Schoß und bitte die Große Mutter, mir die Kraft zu geben, damit ich noch mehr meinen Teil zur Heilung der Menschheit und der Erde beitragen kann. Und der Anfang muss bei meiner eigenen Heilwerdung liegen. Nun nimmt Mutter Erde mich in die Arme und küsst mich auf die Stirn. Ich bedanke mich von Herzen bei ihr, dass sie durch ihre „Geburtswehen" zu unserer Bewusstwerdung beiträgt und krieche fröstelnd wieder ans Tageslicht. Da ich mich nicht drehen kann in der Enge, krieche ich rückwärts wieder hinaus.

„Eine Steißgeburt wird das!", denke ich bei mir.

Vor der Höhle warten Rita, die Übersetzerin, und Natalia,

meine Gastmutter, auf dem schmalen Vorplatz hoch über dem Fluss in der warmen Sonne. Tatjana ist schon weitergezogen. Ich höre sie rufen und schaue den steilen Hang hinauf, aus dessen Richtung die Stimme kommt. Ich stehe vor einer senkrechten Böschung, die fast so hoch ist wie ich selbst. Oberhalb zieht sich ein etwa zehn Meter langer Geröllhang hinauf, gefolgt von einem Felskamin. Dort oben steht Tatjana und ruft nach mir. Mir stockt der Atem: Da soll ich hinauf? Den Kamin, den ich von hier unten mindesten drei Meter hoch schätze, glatt und senkrecht, soll ich durchsteigen? Passe ich da überhaupt durch mit meinem Übergewicht?

Schritt für Schritt, denke ich mir.

Ich betrachte die etwa ein Meter fünfzig hohe senkrechte Böschung, die sich wie eine Begrenzung zwischen dem Höhleneingang und dem daneben liegenden Geröllhang bis zum Fluß hinzieht. Wie kann ich nur die senkrechte Böschung überwinden, um den Geröllhang zu erklimmen? Ein runder, aus dem Erdreich hervorstehender Felsen, jedoch gefährlich nah am steilen Flussufer, scheint mir die einzige Möglichkeit zu bieten. Da ich nur einen Kopf größer bin, setze ich einen Fuß auf eine Unebenheit im Felsen, um meinen Körper mit einem Bein nach oben zu drücken. Das klappt auch wunderbar. Aber, ich finde keinerlei Halt mit meinen Händen. Nirgends kann ich meine Hände ansetzen, um mich weiter hoch zu ziehen. Mit Schaudern erkenne ich, dass ich mit dem Oberkörper auf dem Felsblock hänge, und meine Beine frei über der fünf Meter tiefen Uferböschung baumeln. Rita will mir helfen, aber Tatjana ruft gebieterisch und streng von oben: „Nein"!

Mir bleibt nur ein Ausweg:

Aus tiefstem Herzen rufe ich nach Mutter Erde: „Mutter, halte mich! Jetzt musst Du mir helfen!"

Im Nu stehe ich oben auf dem Felsbrocken. Eine unbeschreibliche Energie hat mich durchströmt. Ich weiß bis heute nicht, wie mir geschehen ist. Ich habe keine Erinnerung an einen weiteren Versuch oder irgendeine Mühe. Schwupp, stehe ich oben.

Ich schicke einen grenzenlosen Dank an Mutter Erde.

Meine Sinne und meine Wahrnehmung laufen auf Hochtouren.

Aber Wunder geschehen nicht nur einmal!

GRASSHÜPFER

Mit neuem Mut schaue ich den steilen Geröllhang hinauf und nehme ihn in Angriff. Die ersten fünf Meter lassen sich recht gut bewältigen, obwohl das lose Geröll mich immer wieder rückwärts rutschen lässt. Ich suche mit meinen Händen nach Halt an Grasnaben, fest verankerten Steinen oder niedrigem Bewuchs. Einmal gehe ich auf die Knie, da höre ich plötzlich die Stimmen meiner Ahnen, genau so, wie sie mir vor neun Monaten im Traum eindringlich zuriefen: „Dreh dich nicht um! Schaue auf gar keinen Fall zurück!"

Jetzt macht ihre Warnung endlich Sinn! Es ist August, neun Monate später, und ich hänge an einem Steilhang fest. Und sie wissen um meine Höhenangst! Mir kullern die Tränen, geformt aus einer Mischung von Berührung und Angst. Aber ihre Gegenwart gibt mir auch den Mut, weiter auf den Felskamin zuzustreben. Der Hang wird immer steiler, halsbrecherisch steil.

Nach vier weiteren Schritten liege ich flach auf dem Bauch. Ich finde nirgends mehr Halt mit den Händen, und die Füße treten nur noch Geröll los. Ständig rutsche ich rückwärts. Aus, es geht nicht weiter, weder vorwärts noch rückwärts!

Plötzlich kommt Grashüpfer gesprungen und setzt sich vor mein Gesicht. Seine Augen schauen in meine, und ich habe wieder dieses Gefühl, dass er bis auf den Grund meines Herzens blickt. Er spricht zu mir, telepathisch: „Du kannst große Sprünge machen!"

Im gleichen Moment durchströmt mich wieder eine unbeschreibliche Energie. Ich werde zu Grashüpfer, stehe auf und laufe mühelos den restlichen Hang hoch. Mit der gleichen Energie steige ich wie selbstverständlich in den fast senkrechten Kamin ein, der eigentlich viel zu eng für meine Leibesfülle ist.

„Bruder Wind, schiebe mich! Mutter, halte mich", spreche ich laut aus.

Ich nehme meinen Rucksack ab und will ihn die etwa drei Meter nach oben über die Kante des Kamins schleudern. Kurz denke ich daran, dass er geradewegs bei diesem Versuch hinunter in den Fluss kullern könnte. Ich muss selbst über meinen Kleinmut lachen. „Wie viele Beweise willst du denn noch für den Schutz und die Hilfe der Verbündeten?", höre ich mich murmeln, und werfe den Rucksack in hohem Bogen über die Kante des Kamins. Mit ein paar weiteren leichten und völlig mühelosen Schrittfolgen lande ich bald neben ihm.

Ich glühe, jede Zelle in mir scheint zu vibrieren, mein Mund ist völlig trocken, meine Knie zittern durch die Erkenntnis, dass ich gerade drei Wunder erlebt habe: Mutter Erde, meine Ahnen und Grashüpfer. Grashüpfer, du kleines Wesen mit solch einer Kraft! Dafür bist du also mitgeflogen nach Sibirien. Um mich mit deiner Kraft an diesem Hang zu retten.

Ich sitze auf der Kante des Kamins und meine Beine baumeln hinunter. Ich bin fassungslos.

Was ist da gerade passiert? Wie ist es passiert?

Mich ergreift ein mir unbekanntes Gefühl. Es ist, als wäre ich aus Raum und Zeit ausgetreten in eine Dimension, in der alles möglich ist und Materie nicht existiert. Keine Mühe, keine Entfernung, keine Zeit. Und ich als Grashüpfer. „Shapeshifting" nennen das die Alten, Formveränderung!

Erst als Natalia und Rita durch den Kamin nachrücken, stehe ich auf und mache den Weg frei. Es verhält sich genau so, wie ich immer vermutet hatte: Wunder geschehen, wenn wir uns mit einer höheren Macht verbinden. Dann wird das Naturgesetz ausgehebelt, und das Göttliche Gesetz tritt in Kraft, in dem ALLES möglich ist.

Nachdem ich mich gesammelt und etwas Wasser getrunken habe, halte ich nach Tatjana Ausschau. Sie sitzt weit voraus auf einer Kuppe über dem Fluss. Wir folgen ihr in zügigem Schritt und haben sie bald erreicht. Schon aus einiger Entfernung sehe ich, dass es sich bei der Kuppe um eine steile Klippe handelt, und von unten, dem Flussufer, ragen zwei große Fels-Phalli von etwa sieben Metern empor. Rita übersetzt mir, dass die Berggeister sich Frauen wünschen, dieser Platz sei nur für Frauen!

Sex mit dem Berggeist! Tatjana fragt nach, ob ich gerade meine Menstruation habe. Dann ginge es natürlich nicht. Da ich verneine, hält sie mich an, mir einen Platz zu suchen und mich für den Liebesakt mit dem Berggeist zu öffnen. Wenn ich mich mit Liebe hingebe, dann schenke mir der Berggeist Kraft in Form eines Krafttieres.

Ich habe schon viel gehört von Schamanen, die eine Ehefrau in der geistigen Welt haben, oder von Schamaninnen, die dort ihren geistigen Ehemann treffen. Manche haben sogar eine ganze Familie in der anderen Dimension.

Hier stehe ich nun, umringt von drei Frauen und soll Sex mit dem Berggeist und seinem Sieben-Meter-Phallus haben. Nichts leichter als das! Welch eine angenehme Herausforderung! Ich nehme es humorvoll, setze mich und betrachte die enormen Phalli. Ich bin schon glücklich, dass ich nicht irgendwie die Klippe zu ihnen hinuntersteigen muss.

Tatjana geht auf dem Pfad von dannen, der sich auf einem Höhenweg in der Ferne verliert. Natalia, die immer um mein Wohl besorgt ist, lässt sich feinfühlig in einiger Entfernung auf der Kuppe nieder, aber Rita legte sich in Reichweite neben mich. Auf „Gruppensex mit Berggeist" bin ich in keiner Weise scharf! Entspannung in ihrer unmittelbaren Nähe ist mir daher unmöglich. Ich genieße erst einmal die Ruhepause im duftenden Kräuterteppich und aale mich in der Wärme der Sonne. Nach kurzer Zeit steht Rita auf und folgt Tatjana auf dem Pfad.

Ich lege mich auf den Rücken, um mich besser entspannen zu können. Ich atme tief und gleichmäßig.

Plötzlich nehme ich den Berggeist wahr. Er steht lang und dünn vor mir, so groß wie die Phalli, und betrachtet mich freundlich lächelnd. Sein Gesicht liegt in Falten wie ein verwitterter Stein. „Du brauchst mich nicht!", meint er lakonisch und ist verschwunden.

Erleichtert und beschwingt stehe ich auf und sinniere über diese Begegnung nach, während ich den Pfad wieder aufnehme und nach meiner Schamanin Tatjana Ausschau halte, die in einem Waldstück verschwunden ist. Meine Gastgeberin Natalia und ich müssen ein ganzes Stück laufen, bis wir sie auf dem untersten ausladenden Ast einer mächtigen Buche sitzen sehen. Wir haben einen wunderschönen Rastplatz in einem Wäldchen über dem Fluss erreicht. Hier gibt es eine Feuerstelle, Tische und Bänke, die gerade von einer Gruppe Jugendlicher und ihrem Betreuer eingenommen werden. Etwas abseits steht eine Bank und Tatjana bedeutet uns, uns dort niederzulassen und auszuruhen.

Der Sonnenstand sagt mir, dass der Nachmittag schnell vorrückt, und ich mache mir Gedanken wegen der Fahrt nach Hause. Ich möchte meinem Gastgeber Anatoli keinesfalls zumuten, im Dunkeln diese Straßen zu fahren. Die Vorstellung, dass noch sechs weitere Einweihungstore auf mich warten, die ich gerne durchwandern würde, macht mir die Entscheidung schwer. Es bläst unmittelbar ein starker Wind und Wolken türmen sich auf. Bis jetzt schien die Sonne in einem klaren, fast wolkenlosen Himmel.

Plötzlich sitzt Grashüpfer vor meinen Füßen. Als ich mich von der freudigen Überraschung erhole, bitte ich ihn innerlich: „Du musst mir jetzt helfen. In welche Richtung soll ich gehen, zum nächsten Tor oder zurück nach Hause?"
Er dreht sich um in die Richtung, aus der wir gekommen sind und hüpft davon.

Tatjana kommt auf mich zu. „Wir gehen nach Hause", sagt sie auf Deutsch! Der Baumgeist und der Geist des Windes haben ihr mitgeteilt, dass wir umkehren müssen. Ich nicke nur, wissend. Sie informiert mich darüber, dass Mutter Erde mich in der Höhle angenommen hat. Tatjana selbst war in großer Sorge, dass ich den Aufstieg nicht schaffen könnte. Aber die Geister waren mir offensichtlich wohl gesonnen, das hat sie beruhigt. Als Schamanenlehrling auf dem Sonnenpfad dürfe man keine Hilfe von anderen annehmen. Deshalb sei sie so streng gewesen beim Aufstieg. Mit großem Erstaunen erzähle ich ihr, dass der Kamin doch viel zu eng für mich war! Wie konnte ich dort hindurchpassen? Mit einem verständnisvollen Lächeln bestätigt mir diese großartige Lehrerin, sie erlebe oftmals, dass sich dieser Kamin auftut oder schließt, je nach Lernthema.

„Aber das mit dem Berggeist, das sei ja nicht so toll gelaufen", meint sie. Der Berggeist schenkt jedem weiblichen Schamanenlehrling ein Krafttier als Dank für den „Energieaustausch". Aber, da ich ja schon eines habe, war ein Austausch offensichtlich nicht von Nöten.

„Trotzdem", versichert sie mir, „hat der Berggeist deine Energie erhöht."

Jetzt ist mir klar, warum ich nach der Begegnung mit dem Berggeist so beschwingt dem weiteren Verlauf des Pfades folgen konnte! Durch meinen Traum über die „Sonnenvertikale" war mir erlaubt, dem Flusslauf „Weißer Weg" zu folgen, versichert mir Tatjana. Der Pfad, dem wir gefolgt sind, sei für „normale" Menschen völlig belanglos und einfach. Nur für den Schamanen oder Lehrling hält er Herausforderungen bereit, die den anderen verborgen bleiben.

Sie sei sehr stolz auf mich, wie eine Mutter auf ihre Tochter! Meine schamanische Arbeit brauche noch etwas stärkere Wurzeln, aber ich hätte Charisma, gute Geister und Intelligenz! Alles ist gut!

Ich danke den Geistern im Nachhinein, dass sie mich auf diesen Pfad entlang des „Weißen Flusses" geschickt haben! Wie herausfordernd mag wohl der Pfad entlang des „Schwarzen Flusses" sein?!

Wir laufen wie Touristen gemütlichen den Weg zurück zum Auto, wo der gute Anatoli schon mit einem dampfenden Kessel Tee auf offenem Feuer auf uns wartet. Seine Frau Natalia zaubert im Handumdrehen ein Picknick aus ihrem Auto hervor. Selten hat mir Fisch aus der Büchse und Weißbrot mit Gurken so gut geschmeckt.

Wir fahren Tatjana und meine Übersetzerin Rita

zurück zum Haus in Malaya Siya. Ich schenke Tatjana zum Abschied mein buntes Wickeltuch aus Afrika. Mein Dank kommt aus tiefstem Herzen. Für Rita finde ich noch ein paar Räucherstäbchen und eine Kerze im Gepäck. Ohne ihre hilfreiche Übersetzung wäre der Aufenthalt bei Tatjana und den Geistern nicht so geglückt.

Die Rückfahrt nach Abakan verläuft reibungslos und wir erreichen die Stadt in der Dämmerung gegen einundzwanzig Uhr. Wir wissen, dass meine deutsche Reisegruppe in einem Hotel Abschied feiert, denn Morgen geht es zurück nach Deutschland. Meinen lieben Freunden Anatoli und Natalia gebe ich zu verstehen, ich sei zu müde und zu bewegt, um mich jetzt einer lustigen und lauten Feier auszusetzen. So kommt es, dass ich den letzten Abend in Ruhe bei den großzügigsten Gasteltern verbringe, die ich je kennengelernt habe: Ein würdiger und stimmiger Ausklang meiner weiten Reise.

Am nächsten Morgen werde ich zum Bahnhof gebracht, wo das große Fragen losgeht. Ich war von allen vermisst worden, und der eine oder andere hatte sich bereits Sorgen gemacht.

Der Abschied fällt uns allen schwer. Nicht nur Natalia und ich liegen uns mit Tränen in den Augen in den Armen. Ich habe schon viele verschiedene Länder und Kulturen erlebt. Aber diese Gastfreundschaft übertraf alles, was mir jemals begegnet ist.

Die Zugfahrt verläuft ruhig und ohne Zwischenfälle. Ich habe viel Zeit in der Transsibirischen Eisenbahn, um über meine bewusstseinserweiternde Erfahrungen zu sinnieren, meinen Blick auf die grandiose russische Landschaft heftend. Der Rückflug von Novosibirsk über Moskau nach Frankfurt geht mir fast zu schnell. Ich freue mich aber dennoch auf mein ruhiges Zuhause in Freiamt.

Dort angekommen ist gerade Mittagszeit. Die Hitze sirrt über der Landschaft, die bunten Blumen auf der Wiese vor dem Haus wiegen sich fast unmerklich. Tiefe Stille breitet sich aus. Mein Mann hat ein Festtagsessen zubereitet. Ich sitze in der Sonne am gedeckten Tisch. Da landet Grashüpfer auf meinem noch leeren Teller. Ich vergesse zu atmen und schaue in die Augen dieses lieben Gefährten. Er ist gekommen, um sich zu verabschieden. Mir schießen die Tränen in die Augen, mein Herz hämmert, und ich bin unendlich dankbar. Dann hüpft er auch schon wieder davon.

Noch heute freue ich mich, wenn Grashüpfer auftaucht. Er erinnert mich an das Gefühl des Einsseins und an eine Kraft, die größer ist als mein kleines Ego. Nie wieder hat er eine zentrale Rolle in meinem Leben gespielt.

Aber wer weiß!

VOM GEIST DER FASTNACHT UND ANDEREN ARMEN SEELEN

Bei meiner täglichen Arbeit mit Klienten wird mir immer wieder bewusst, wie wenig wir „aufgeklärten" Menschen von Fremdbesetzungen, Energieraub, dem Jenseits und Seelenwanderung wissen.

Seit Urzeiten ist bekannt, dass sich manchmal fremde Geister, ich nenne sie lieber „Arme Seelen", an einen Menschen heften können. Das passiert meist, wenn sich der Mensch in einem Zustand der Schwäche oder Ohnmacht befindet.

Es gibt unzählige Berichte und Erfahrungen von Menschen, die nach einer Operation oder einem Koma im Krankenhaus wesensverändert nach Hause kamen. In den meisten Fällen wird dieser Zustand auf Schmerzen, Schock oder das Getrenntsein von zu Hause zurückgeführt. Kaum einer kommt auf die Idee, dass man sich im Krankenhaus nicht nur diverse Viren und Bakterien einfangen kann, sondern auch arme Seelen, die im Krankenhaus verstorben sind.

In unserer schnelllebigen Gesellschaft, in der alle jung und vital sein wollen, ist der Tod ein Tabu. Weder in der Schule, noch zu Hause noch in den Medien ist das Sterben und das „Danach" ein Thema. In vielen alten Religionen ist das ganze Leben eine Ausrichtung auf den Tod. Alle spirituellen Lehren berichten davon, dass unsere so genannte „Realität" eine Illusion sei. Das wahre Leben spielt sich in der geistigen Welt ab. Wir verlassen unsere wahre Heimat in der geistigen Welt und gehen auf diesem Planeten in die Schule. Wir gehen in die Schule des Erwachens. Unser Geist drängt auf Erfahrung und göttlichen Ausdruck, sodass wir bereichert und gewachsen an Bewusstheit wieder nach Hause gehen. Viele Märchen erzählen von solch einer „Heldenreise". Wir verlassen unser sicheres und geliebtes Zuhause, begeben uns auf meist gefährliche und herausfordernde Abenteuer und gehen nach bestandener Prüfung glücklich und mit Schätzen beladen nach Hause zurück. Dort wurden wir lange vermisst, und die Freude ist unendlich groß über unsere Heimkehr. Das dürfen wir nicht nur psychologisch betrachten, sondern können es durchaus auf unsere Erdenreise übertragen und in einem noch viel tieferen Zusammenhang sehen.

In diese Mysterien des Lebens und des Todes werden wir gewöhnlich nicht eingeweiht. Ich muss als Jenseitsreisende immer wieder erfahren, dass mehr und mehr Seelen wirklich „arm" sind, da sie während ihrer

Erdenzeit nie einen Gedanken dahin gelenkt haben, wie es mit ihnen tatsächlich weitergeht nach ihrem Ableben. Und es gibt solche Erdenkinder, die nicht an ein Leben nach dem Tod glauben. Ihre Zahl hat erschreckend zugenommen, und so sind die Zwischenwelten sehr belagert von diesen Wesen.

„Es geschehe dir nach deinem Glauben", heißt es schon in der Bibel. Wenn der Mensch glaubt, dass mit dem Tod seines Körpers sein ganzes Leben erlischt, dann findet er sich in Dunkelheit wieder, nicht realisierend, dass er doch noch lebt. Es gibt Arme Seelen, die in einem Zustand der Verzweiflung und Hoffnungslosigkeit ihrem Leben ein Ende gesetzt haben. Bei diesen Seelen kommt oft die anerzogene Angst vor der Hölle ins Spiel. Es ist noch gar nicht so lange her, dass diese Menschen nicht einmal auf einem Gottesacker beerdigt werden durften. Der Suizid ist leider immer noch von einer unendlichen Last der Schuld behaftet. Selbst die katholische Kirche hat inzwischen richtiggestellt, dass das Fegefeuer eine Fehllehre war, und dass „Hölle" kein Ort ist, sondern ein Bewusstseinszustand, nämlich das völlige Gefühl des Getrenntseins von Gott. Leider ist diese neue Bewertung noch nicht bis in das kollektive Bewusstsein der Menschen vorgedrungen. Und so wagen es diese Seelen nicht, nach dem Licht Ausschau zu halten, obwohl es uns allen verheißen wurde und die Visionäre, Mystiker und Schamanen immer wussten, dass diese Ebene des Jenseits existiert. Der Tod ist der Mittelpunkt des Lebens, da Leben nie aufhört, sondern es existiert davor und danach.

Alle diese Verstorbenen haben die Kraft und die Möglichkeit, von kaum merkbar bis sehr massiv, in das Leben der Lebenden einzugreifen. Bei manchen Menschen hat es den Effekt, dass sie sich ständig müde fühlen, so als würde ihnen die Energie davon rieseln. Das kann schlussendlich zu chronischen Krankheiten führen. Andere werden wiederholt von Albträumen geplagt, die so gar nicht in ihr ansonsten ruhiges Leben passen wollen. Wieder andere spüren zum Beispiel den Großvater immer noch um sich, obwohl er schon lange tot ist. Es sind aber nicht immer die eigenen verstorbenen Verwandten, die uns das Leben erschweren können. In der Vielzahl sind es uns völlig Fremde, die sich in unser Leben hineindrängen, sobald sie einen Fuß in die Tür bekommen, wenn wir in irgendeiner Form von Ohnmacht oder Kraftlosigkeit sind. Es gibt inzwischen spirituell ausgerichtete Psychotherapeuten, die die Erfahrung machen, dass mindestens fünfzig Prozent der Süchtigen von einer Armen Seele besetzt sind, die selbst in ihrem Leben süchtig war. Nun versucht sie, meist ganz naiv und unwissentlich, ihre Sucht durch einen Lebenden zu stillen, was natürlich nicht funktioniert. Durch die Befreiung von dieser Besetzung hat der diesseitig Süchtige eine gute Chance, wieder gesund zu werden, und die Arme Seele kann endlich den Weg ins Licht antreten.

Alkohol hat einen sehr nachhaltigen und nachteiligen Effekt auf unsere Krafttiere, Seelenbegleiter oder Geistführer. Es scheint so, dass die Engel und Geister an unserer Seite Alkohol nicht vertragen können. Sie ziehen sich von uns zurück, wenn wir zuviel des durchaus Guten zu uns genommen haben. Je volltrunkener, desto weiter stehen unsere Tore offen für unwillkommene „Gäste." Die gleiche Auswirkung zeigt sich natürlich auch durch jeglichen Missbrauch harter Drogen und von Medikamenten.

Jana klingt verzweifelt. Ich kenne sie als sehr erdige und weise junge Frau mit einem großen Herzen. Sie schildert mir schnell und präzise, dass ihr Mann Erich in einem erbarmungswürdigen Zustand sei. Seit er an Fastnacht völlig betrunken war, hört er eine Stimme im Kopf, die ihn zum Wahnsinn treibt.

„Du bist unsere letzte Hoffnung", stöhnt sie.

Ich sage sofort zu, hänge mich ans Telefon und verschiebe alle Termine für diesen Notfall. Mitten im Winter kämpft sich das Ehepaar durch den Schnee zu meinem Haus. Völlig erschöpft kommen sie zu Fuß bei mir an. Ihr Auto ist auf dem Waldweg weggerutscht und stecken geblieben. „Das ist ernst", denke ich bei mir. Da hat „jemand" Angst entdeckt zu werden und boykottiert den Weg zu mir. Das ist nicht ungewöhnlich in solchen Fällen. Je verängstigter die Arme Seele, desto größer der Widerstand.

Erich erzählt mir, dass er auf einer Fastnachtsfeier war und zuviel Alkohol konsumiert hat. Seit dieser Zeit redet jemand bösartig im Kopf mit ihm. Er benutzt unflätige Worte und flucht ständig. Er versucht ihm einzureden, er solle seine Frau, „die alte Schlampe", wegjagen, denn sie ginge ohnehin fremd. Erich fällt es sichtlich schwer, über diese verbalen Attacken zu sprechen, die auch mit einem unangenehmen Grundgefühl einhergehen. Er kann manche Dinge gar nicht aussprechen, die von der Stimme im Kopf verlangt werden, so schlimm seien die, so übel. Verzweifelt fügt er hinzu, „Ich nehme mir das Leben, wenn das nicht aufhört."

Seine Verzweiflung berührt mich, und mit großem Mitgefühl mache ich mich auf die Reise für ihn und die gequälte Arme Seele. Ich weiß, in diesen Fällen muss ich besonders bewusst arbeiten. Mein Schutz sind meine lieben Verbündeten und mein Gefühl des absoluten Vertrauens in sie.

Meine Absicht ist klar.

Ich möchte Erich von der Armen Seele befreien und diese ins Licht geleiten. Ich danke Vater Himmel, dass er mir durch den Christusgeist in mir hilft, die Harmonie wieder herzustellen. Ich werde sofort zu der Armen Seele hingezogen. Ich nehme sie wahr als Mann mittleren Alters, ohne jegliche Ausstrahlung, mit schwarzen Haaren und Schnauzbart. Er sieht stumpf und gehetzt aus. Ich erkläre ihm, dass er gestorben sei, sich im falschen Körper befinde und auf keinen Fall hierher gehöre. Ich lade ihn dazu ein, ins Licht zu gehen. Er lacht mich aus und lässt mich wissen, er sei viel zu böse, er dürfe sicher nicht ins Licht und Gott – den gäbe es sowieso nicht. Ich versuche ihn dazu zu bewegen, nach oben zu schauen, wo ein warmes Licht sich ausdehnt. Aber er wagt es nicht, sein Gesicht anzuheben. Ich versuche weiter, ihm das Licht „schmackhaft" zu machen. Seine verstorbenen Verwandten kämen ihm schon entgegen, und Gott liebe ihn bedingungslos. Ich rufe alle Engel und Heiligen an. Mutter Maria nähert sich uns liebevoll. Das Wesen ist so verängstigt, dass alle Überzeugungsversuche fehlschlagen. Er hält weiterhin an Erich fest. Meine Bärin, die die ganze Zeit an meiner Seite ist, fordert mich auf, ein Krafttier für ihn zu holen. Also schaue ich mich nach einem Krafttier um. Ein kuscheliger Koalabär läuft mir entgegen und stellt sich freudig zur Verfügung. Ich nehme den Koalabär auf und lege ihn in die Arme des Mannes. Die Wirkung lässt nicht lange auf sich warten. Die spirituelle Energie des Krafttieres verändert seine Energie und Ausstrahlung sofort, und Mutter Maria durchflutet uns alle mit ihrer bedingungslosen Liebe. Die Arme Seele kann mir zum ersten Mal gelöst in die Augen sehen. Ich fange meine Überzeugungsarbeit von vorne an, und jetzt endlich ist die Arme Seele bereit, nach oben ins Licht zu schauen. Sie wird sofort förmlich davon angezogen, erkennt verstorbene Verwandte und traut sich nun den Weg ins Licht anzutreten mit dem Koala auf dem Arm und Mutter Maria an der Hand. Ich atme erleichtert auf und bedanke mich aufs Herzlichste bei meinen geistigen Gefährten, meiner Bärin und Mutter Maria, die die Arme Seele, Erich und mich liebevoll mit ihrer Kraft unterstützt haben. Nun auch den Geistführer von Erich wahr, der sich die ganze Zeit im Hintergrund hielt. Ich muss schmunzeln, denn er sieht aus wie der berühmte Mönch „Bruder Tuck", aus Robin Hood. Er lacht über das ganze runde Gesicht und hält zwei Seelenteile von Erich für mich bereit, damit ich sie ihm einblase. Der erste Seelenteil von Erich ist etwa fünf Jahre alt. Ich nehme wahr, dass er sich zu jener Zeit hilflos und verlassen fühlte. Dadurch hat sich eine Lebensessenz voller Fantasie und Lebensfreude von ihm entfernt. Das zweite Seelenteil verlor Erich beim Tod seines ersten Kindes. Auch hier verließen ihn Lebensfreude und Selbstvertrauen. Ich nehme beide Seelenteile und mache mich auf den Weg in die Untere Welt, ein Krafttier für Erich zu finden. Ich muss nicht weit gehen, da springt mir ein kraftvoll röhrender Hirsch entgegen. Auch ihn nehme ich mit, und nachdem ich meine Trommel abgelegt habe, blase ich die Seelenteile und den Hirsch kraftvoll in Erichs Herz und Scheitel ein. Danach versiegele ich sein Herz- und Scheitelchakra wieder rund um mit leisen Rasseltönen. Ich umarme Erich und heiße alle Teile willkommen.

Erich sieht schon bedeutend ruhiger aus. Seine himmelblauen Augen leuchten wieder. Ich erzähle ihm von meiner Reise und er bestätigt, dass er sich im Alter von fünf Jahren und beim Verlust seines Sohnes sehr elend gefühlt habe. Er ist erleichtert zu hören, dass der „Geist der Fastnacht" ihn verlassen hat.

Und das blieb auch so. Heute ist Erich stolzer Vater von zwei prachtvollen Söhnen und weiterhin glücklich verheiratet.

Wenn ich eine Arme Seele ins Licht bringe, dann folgt meist eine Krafttierübertragung und eine Seelenrückholung, damit das energetische Loch, welches die Arme Seele besetzt hatte, mit positiver Energie gefüllt wird, sodass es gar nicht erst zu einer neuen Besetzung kommen kann.

Nicht immer ist der Besetzer so renitent oder bösartig. Oft nehmen die Klienten gar nicht richtig wahr, dass sie besetzt sind. Ich bemerke es meist sofort an meinem Trommelschlag. Es ist, als müsse ich gegen einen großen Widerstand antrommeln, was sehr anstrengend ist. Sobald die Arme Seele ins Licht gegangen ist, entfährt mir ein tiefer Seufzer, und es trommelt sich wie von selbst. Erst dann gelingt es mir, mich auf die Suche nach verlorenen Seelenteile und Krafttiere zu begeben. Oftmals kitzelt meine rechte Mandel, und ich muss krampfartig husten. Auch das ist ein Zeichen für mich, dass hier eine Fremdbesetzung vorliegt.

Lena ist eine intelligente junge Frau. Sie ist ausgezehrt vor Kummer und Leid. Gerade kommt sie wieder einmal aus einer psychiatrischen Klinik, die ihr nicht helfen kann.

Aus klinischer Sicht ist sie *verrückt*, da sie immer wieder Verstorbene sieht. Sie bekam schon diverse starke Medikamente verordnet, damit sie diese „Halluzinationen" nicht mehr hat – mit höchst unangenehmen Nebenwirkungen. Sie möchte endlich Heilung von ihrer Krankheit finden.

Sie beschreibt mir, dass sie zum Beispiel in einem Café sitzt und plötzlich setze sich eine verstorbene Frau an ihren Tisch. Lena kann die Verstorbenen von den Lebenden gut unterscheiden, denn die Verstorbenen haben eine Art „Grauschleier" um sich herum und die

Augen blicken meist sehr leer. Sie kann sich auch mit ihnen unterhalten. Die Toten reden immer noch so, als wären sie am Leben.

Ich erkläre ihr, dass sie nicht *verrückt* ist im klinischen Sinne, sondern *ver-rückt* im schamanischen Sinne. Sie nimmt die Dimensionen neben uns noch wahr, dort wo die Armen Seelen zu finden sind. Der Schleier zwischen den Welten ist bei Lena besonders dünn. Sie hat eine besondere Gabe, welche sie die Armen Seelen sehen und verstehen lässt. Und die Seelen bemerken das und gesellen sich gerne zu ihr.

Lena hört mir aufmerksam zu und kann nicht fassen, was sie da hört. Zum ersten Mal in ihrem jungen Leben glaubt ihr jemand, dass sie Verstorbene sieht und benennt es als besondere Gabe, nicht als Krankheit. Sie hatte schon völlig an ihrer Wahrnehmung gezweifelt. Wir tauschen uns sehr lange über die Geistige Welt aus, und Lena versteht immer mehr über ihre Fähigkeit, durch den Schleier der Dimensionen zu schauen, was den meisten Menschen verborgen bleibt. Ich bringe ihr ein Krafttier und verlorene Seelenteile, damit sie in Zukunft gut mit sich und den Armen Seelen umgehen kann. Ich lehre sie das Reisen und wie man Wesen aus den Zwischenwelten ins Licht bringt.

Nach etwa einem halben Jahr telefonieren wir wieder miteinander. Sie hat eine Heilerausbildung angefangen, und es geht ihr gut. Nur hatte sie viel Mühe mit den Armen Seelen, die sie den ganzen Tag belagerten. Eines

Tages hatte sie es satt. Sie gab der Geistigen Welt zu verstehen, dass sie von nun an „Öffnungszeiten" für die Geister einrichten würde. Jeden Abend, von Punkt 20 Uhr bis 21 Uhr dürften sie kommen, und dann begleite sie die Seelen gerne ins Licht! Das funktionierte. Sie konnte sich endlich ungestört ihrem Alltag widmen und hat den Dienst am Nächsten regelmäßig versehen.

Einmal konsultierte mich eine sehr gläubige katholische Frau, die etwas Angst vor dem Schamanismus hatte. Auch sie nahm verstorbene Seelen wahr. Da sie sich auf die schamanische Reise mit Krafttieren und Geistführern nicht wirklich einlassen konnte, riet ich ihr, jeden Abend eine Kerze anzuzünden und ein Gebet zu sprechen, das Vaterunser oder/und das Ave Maria, dabei an die Arme Seele zu denken und sich vorzustellen, wie Christus oder Maria sie abhole und ins Licht bringe. Dieses einfache und christliche Ritual hat ihr und den Seelen sehr geholfen, da bin ich sicher, . Das Seelenamt in der katholischen Kirche ist bis heute noch ein machtvolles Ritual, um den Seelen beim Übergang in die geistige Welt zu helfen. Jedes Gebet, jeder gute Gedanke, jedes noch so kleine Ritual kommt bei der Seele an und erhöht ihr Bewusstsein für ihre jetzige Lage. Und die Seelen sind voller Dankbarkeit dafür.

Wir bräuchten heutzutage eine Armee von Seelenführern. Wir nennen diese Arbeit „Psychopomp-Arbeit", das Begleiten der verstorbenen Seelen ins Licht. Das gehörte von jeher zum Auftrag der Schamanen, denn es gab zu allen Zeiten Arme Seelen, die ihren Weg ins Licht nicht selbst finden konnten. Es ist eine wirklich ungeheuer befriedigende Aufgabe. Ich bin überzeugt davon, dass jede Seele, die in den Zwischenwelten hängen geblieben ist, irgendwann von einem Engel erlöst wird. Da die Verstorbenen sich außerhalb von Zeit und Raum befinden, empfinden sie es nicht als Strafe, die sie da absitzen müssen. Sie sind im hohen Maße unbewusst und können so, nach unserem Zeitempfinden, Jahrhunderte verharren.

In den Vogesen besuchte ich vor Jahren das Seminar „Ubuntu" des wunderbaren afrikanischen Lehrers Coleridge Daniels, der eine lebende Legende in den Straßen von Kapstadt in Südafrika ist. Schon tausende Straßenkinder hat er auf Visionssuche in die südafrikanische Wildnis begleitet. Er ist ein erfahrener Lehrer für Lebensübergänge. Bei diesem Seminar von Coleridge Daniels geht es um Selbsterfahrung im Spiegel der Natur, und die Teilnehmer sind oft mit sich allein in der Natur. Mir wurde nach kurzer Zeit klar, dass hier in den Vogesen noch verstorbene Soldaten aus zwei Weltkriegen in den Zwischenwelten fest hängen. Andere deutsche Teilnehmer wurden plötzlich traurig und fühlten sich teilweise überwältigt von unserer kriegerischen Vergangenheit – aus dem Nichts heraus. Ich beschrieb ihnen, wie die anwesenden Seelen energetisch auf uns einwirken und schlug vor, am Abend ein gemeinsames Ritual abzuhalten, um diesen Seelen den Weg ins Licht zu ermöglichen. Coleridge war erfreut darüber und die Gruppe einverstanden. Am Abend versammelten wir uns im Seminarraum und ich erklärte den Teilnehmern, wie sich jeder zuerst auf seine Art bei Vater-Mutter-Gott, für die uns gewährte Hilfe und den Schutz bei diesem Ritual bedanken solle. Jeder solle sich vorstellen, wie der Schöpfergeist einen Lichtkanal öffne, eine Lichtbrücke zwischen Himmel und Erde, über die alle verstorbenen Soldaten und Kriegsopfer ins Licht gehen könnten. Ich begann zu trommeln und bedankte mich bei allen meinen Verbündeten für die Kraft und den Schutz für die ganze Gruppe. Es fing ein „Sausen" an, welches schwer zu beschreiben ist. Obwohl keine Fenster oder Türen geöffnet waren, herrschte ein beständiger Luftzug. Ich nahm viele Leiber wahr, zerfetzt, geschunden, durchlöchert. Soldaten und Zivilisten, die plötzlich durch die verschiedensten Verwundungen von ihrem Erdendasein getrennt wurden. Diesen Wahnsinn des Krieges so vor Augen zu haben und das Leid zu fühlen, ist eine sehr bewegende Erfahrung. Lange, lange haben wir getrommelt und gerasselt, gebetet und geweint, gesungen – und beim Auseinandergehen endlich auch gelacht. Coleridge kam am nächsten Morgen zu mir. Er war zutiefst bewegt und meinte, er käme gerade aus dem Seminarraum.

„They are still on the move!" (Sie sind immer noch unterwegs) war sein erstaunter Kommentar.

Der heilsame Weg ist natürlich, sich schon zu Lebzeiten auf diesen letzten Weg vorzubereiten, damit wir eine Vorstellung und ein Ziel haben, ganz im Vertrauen darauf, dass wir nicht **ein Leben** haben, sondern **ewig währendes Leben sind**.

Mein Vater ist auf einem Bauernhof groß geworden und hat bis zu unserer Flucht aus der DDR als Bauer gearbeitet. Er hatte noch eine sehr kindliche Glaubensvorstellung. Die letzten vierzig Jahre seines Lebens erzählte er uns, dass, wenn er in den Himmel komme, er gerade noch so zur Himmelspforte hineinschlüpfen dürfe. Und hinten an der Wand, gleich neben der Pforte, würde er auf einem goldenen Melkschemel sitzen und sich freuen. Ich habe ihm bis zum Schluss versichert, dass es genau so sein wird! Auf seinem letzten Weg habe ich ihn mit Trommel und meinen geistigen Helfern begleitet. Er fand schnurstracks genau zu diesem Platz, den er sich mit seinem Bewusstsein und Glauben erschaffen hatte. In der Bibel gibt es zwei Zitate, die meiner Meinung nach genau auf diese Möglichkeit hinweisen: „Einem Jedem geschehe nach seinem Glauben", und „In meines Vaters Haus gibt es viele Wohnungen."

Mein Vater war fest davon überzeugt: Das Leben geht im Jenseits weiter. Und so saß er eine Weile auf seinem, kraft seines Geistes erschaffenen goldenen Melkschemel, und – im Licht. Ich weiß, dass er inzwischen abgeholt wurde von Engeln und Verwandten. Sein Leben und die Schulung seines Bewusstseins gehen weiter mit dem Ziel, immer mehr zum Göttlichen Bewusstsein zu erwachen.

DER SCHRITT ÜBER
DIE SCHWELLE

 Solange wir gesund und jung sind, wollen wir uns mit dem Gedanken an die Sterblichkeit nicht auseinandersetzen.

Durch meine Arbeit komme ich immer wieder in Kontakt mit Menschen, die vor diesem Übergang stehen, jung oder alt.

Elisabeth ist verzweifelt. Im Köper ihrer Tochter Valerie wurde Leukämie festgestellt. Die ganze Familie steht unter Schock. Valerie hat gerade das Abitur geschafft und freute sich auf das Studium. Elisabeth bittet mich, für ihre Tochter zu reisen. Ich darf Valerie ein paar Seelenteile und den Schmetterling als Krafttier bringen. Der Schmetterling steht für Transformation und Metamorphose. Elisabeth ahnt sofort Schlimmes. Ich weise sie darauf hin, dass die Transformation auch durch eine überstandene Krankheit erfahren werden kann. Der Tod jedoch bedeute immer die größte Heilung. Über ein Jahr zieht sich der Stirb-und-Werde Prozess bei Valerie hin. Ihr Zustand verschlechtert sich immer mehr. Die Funken der Hoffnung auf ein Leben im Diesseits werden immer kleiner und seltener. Sie durchläuft alle schulmedizinischen Behandlungen, die im Falle dieser Blutkrankheit angewandt werden, aber ohne Erfolg. Die Eltern trauen sich nicht, eine alternative Behandlung, z.B. durch einen homöopathisch ausgerichteten Arzt anwenden zu lassen. Die Angst ist zu groß davor, der schulmedizinischen Anweisungen nicht Folge zu leisten und dadurch zusätzliches Unheil für Valerie heraufzubeschwören. Eine sehr schwere Entscheidung für die vom Leid geplagten Eltern.

Gegen Ende ihres Lebens besuche ich Valerie einige Male auf der Intensivstation. Ihre Mutter und ihre Schwester erzählen mir, dass sie nur noch lächelt, wenn sie erfährt, dass ich komme. Valerie ist schon sehr schwach und das Atmen fällt ihr schwer, sodass sie mir nur noch in Wortfetzen aufschreiben kann, was sie mitteilen möchte. Durch den ganzen schmerzlichen Prozess hindurch, entwickelt sie sich zu einer Reife, die ich einer so jungen Frau nie zugetraut hätte. Sie ist weise und verständnisvoll, tiefgründig und demütig. Sie ist sich voll bewusst, dass sie stirbt.

Ich bringe ihr das Reisen in die Ewigkeit bei. Ich fordere sie auf, sich ein Portal im Zimmer zu suchen: einen Bilderrahmen an der Wand, das Fenster, eine Blüte auf einem Bild, das Schlüsselloch, irgendetwas, wo sie mit geschlossenen Augen hindurchschlüpfen kann, um dann in der jenseitigen Dimension anzukommen.

Valerie wählt den Griff zum Hochziehen, der an einem so genannten „Galgen" über ihrem Krankenbett hängt. Er bildet ein perfektes Dreieck, wie das symbolische

Auge Gottes. Ich mache sie darauf aufmerksam, und der Gedanke gefällt ihr gut, in das „Auge Gottes" einzutreten. Ich erzähle ihr, dass sie auf der anderen Seite in eine helle Landschaft eintreten werde.

Sie solle dort stehenbleiben, sich kurz umschauen, sich umdrehen, um das Dreieck von hinten zu betrachten und gleich wieder zurückkommen. Nach wenigen Minuten öffnet sie wieder die Augen. Sie lächelt und nickt. Nun bitte ich sie, wieder durch das Dreieck einzutreten und sich von dort aus führen zu lassen, intuitiv oder durch eine Wesenheit, die sie abholt. Wenn sie wieder zurück möchte, solle sie sich einfach umdrehen, ihre Schritte zurückverfolgen und durch das Dreieck wieder hier ins Zimmer eintreten.

Da ich auf der Intensivstation nicht trommeln kann, rassele ich leise für sie. Das verändert das Bewusstsein genauso zuverlässig.

Ich trete in Kontakt mit meiner Bärin und Isis. Ich danke ihnen, dass sie mir und Valerie helfen, in das Jenseits zu reisen. Ich nehme Valerie bei der Hand und führe sie durch das „Auge Gottes". Wir sind kaum auf einer wunderschönen Wiese eingetroffen, da wird Valerie schon freudig begrüßt von ihren Ahnen. Ich gebe sie in die Hände ihrer Lieben und ziehe mich zurück.

Ich rassele noch etwa zehn Minuten weiter. Valeries Augen bleiben geschlossen. Ihr Gesicht ist friedsam entspannt, ihr Atem geht ruhiger. Ich frage mich, ob sie eingeschlafen ist und fange intuitiv an, leise zu singen, hoffend, dass ich weder ihre Reise noch ihren Schlaf störe. Es dauert noch eine ganze Weile, bis Valerie ihre Augen öffnet. Sie strahlt vor Freude und Glück. Sie nimmt sich sofort ihren Notizblock und schreibt:

> *„Bin abgeholt worden von Großmüttern, Groß-*
> *vätern und anderen Verwandten.*
> *Kannte alle nur aus Erzählungen. Habe sie*
> *trotzdem alle erkannt! War leicht und glücklich,*
> *ohne Schmerzen. Alle lieben mich, und ich sie!*
> *Wunderschöne Wiese, herrliche Blumen,*
> *himmlische Farben. Haben Kreis gebildet. Habe*
> *getanzt mittendrin! Hatte wieder lange Haare!"*

Valerie leidet sehr unter dem Verlust ihrer wunderschönen langen Haare. Ich frage sie, ob ich durch meinen Gesang ihren Tanz nicht gestört habe. Aber sie versichert mir, es wäre so wunderschön und passend gewesen, weil sie in dem Moment zu tanzen begann, als ich zu singen anhob: im gleichen Rhythmus.

Ich bin zutiefst berührt von ihren Erfahrungen in der Geistigen Welt und freue mich mit ihr. Die Begegnung mit ihren Ahnen erfuhr sie als tiefe Wahrheit, was ihr den letzten irdischen Schritt erleichtern wird. Ich ermutige sie, immer wieder durch das „Auge Gottes" zu schlüpfen, um ihre Lieben zu besuchen und um die Welt dort zu erkunden, bis sie bereit ist, nicht mehr zurückzukehren.

Wenige Tage später wagte sie diesen Schritt. Der Schmetterling schlüpfte aus dem Kokon und breitete seine herrlichen Flügel aus!

Regina ist auf ihre Art sehr direkt. Sie besucht mich mit einer Freundin von mir an meinem Vollmond-Feuer, um diese Atmosphäre noch einmal erleben zu dürfen. Mit großen Schmerzen müht sie sich den Weg herauf zum Feuerplatz.

„Ich bin eigentlich schon tot", meint sie zu mir. „Meine Knochen lösen sich auf!"

Ihr Körper hat Knochenkrebs, mit Metastasen überall. Ich sage bewusst: „Ihr Körper", denn der Göttliche Geist, der sie ist, kann nicht krank sein. Obwohl sie Schweizerin ist, sieht sie so unglaublich indianisch aus, wie Indianer eben aussehen. Sie ist allem Indianischen in Liebe und seelisch tief verbunden. Sie bittet mich nie um eine Reise oder andere schamanische Rituale, aber wir reden oft über die Geistige Welt und wie wir sie uns vorstellen. Sie hat nur vage Vorstellungen vom Jenseits, aber mit der Zeit fasst sie Vertrauen in die Vorstellung, dass das Leben im Jenseits weitergeht. Ich erzähle ihr von Krafttieren und Geistführern. Je mehr ihre Krankheit fortschreitet, desto öfter unterhalten wir uns über das Sterben, was noch sehr von Angst besetzt ist. Ich versichere ihr immer wieder, dass sie abgeholt wird von einem lieben Wesen, welches sie vielleicht schon ihr ganzes Leben lang begleitet.

Bei einem der letzten Besuche erzählt sie, dass jedes Mal, wenn sie die Augen schließe, ihr ein alter Indianer winke, der auf einer weiten Prärie stehe. Mir ist sofort klar, dass sie schon erwartet wird und es nicht mehr lange dauern kann, bis sie der Einladung des Indianers folgt. Ich teile ihr meine Vermutung mit, und wo vorher noch große Angst vor dem Sterben geherrscht hat, tritt jetzt eine tiefe Beruhigung ein. Ich empfehle ihr, in Gedanken zu diesem Indianer hinzugehen und mit ihm über die Prärie zu tanzen. Sie bittet mich, ihr über die Schwelle zu helfen, wenn es soweit ist. Als sie ins Koma fällt, bin ich an ihrer Seite mit einer anderen lieben Freundin von ihr. Ich trommele und reise und sehe „ihren Indianer" schon warten. Sein faltiges Gesicht ist wie die Erde selbst. Er strahlt eine tiefe Würde und Liebe aus und ich weiß, dass Regina von seiner Hand geführt werden wird.

Zwei Stunden vor ihrem letzten Atemzug verlasse ich sie widerstrebend, da ich ein Seminar abhalten muss.

Ihr letzter Wunsch ist es, in ihren Mokassins und in ihre Indianerdecke gewickelt, die letzte Reise antreten zu dürfen. Das einfühlsame Hospizpersonal und ihre Freundin folgen jeder ihrer Anweisungen und Wünsche.

Der indianische Geistführer hat seine Tochter heimgeholt.

Manchmal ist es die Angst vor dem Sterben, was unser Leiden hier unnötig verlängert. Es gibt dieses menschentypische Verhalten, lieber im Leid zu verharren– denn das kennt man – als einen Schritt ins Ungewisse zu wagen. Oft sind es die Angehörigen, die aus purem Egoismus ein

Gebet nach dem anderen gen Himmel schicken, damit der geliebte Angehörige nicht gehen darf, obwohl jener nichts lieber täte als genau das. Jedes Stoßgebet, jeder unausgesprochene Wunsch ist eine Energie, die an der Seele des Sterbenden zerrt und ihn hier verankert. Dieser muss noch mehr Kräfte mobilisieren, um gegen diesen Widerstand den erlösenden Schritt machen zu können.

Aber die meisten Menschen sind sich dieser Kräfte nicht bewusst und verlängern dadurch den Leidensweg ihres geliebten Mitmenschen. Und so sind sie oft untröstlich, wenn der Sterbende den letzten Schritt alleine macht, wenn der Verwandte „mal eben auf die Toilette gegangen" ist.

Die Humanmedizin setzt alle technischen Möglichkeiten ein, um das Leben zu verlängern. Wenn man einer fast Neunzigjährigen, die seit vielen Jahren dement ist, deren Körper schon in eine spastisch embryonale Stellung zusammengeschrumpft ist, eine Magensonde legt, weil sie das Essen verweigert, dann ist das in hohem Maße unreflektiert und unnatürlich. Welches Schlupfloch bleibt der Seele noch übrig, um endlich nach Hause zu gelangen? Nach Hause in eine Welt der Freude, der Losgelöstheit, Harmonie und Neuorientierung. In eine Welt, wo wir wieder eins sind mit all unseren Ahnen. Wo wir dem Göttlichen näher sind. Was ist daran so furchtbar, dass wir es mit allen Mitteln verhindern wollen?

Mein Mitgefühl gilt all jenen, die als Angehörige oder Ärzte vor solch einer Entscheidung stehen: Apparate abstellen, keine lebenserhaltenden Maßnahmen mehr einsetzen. Ihnen allen wünsche ich die Einsicht und die Kraft, den Patienten in ein neues Leben ziehen zu lassen.

Es gibt auch Fälle, wo dem Sterbenden die Kraft fehlt, den letzten Schritt über die Schwelle selbst zu tun. Hier hat es sich bewährt, dem Sterbenden ein Krafttier zu bringen und somit seine spirituelle Energie, die er verloren oder nie genutzt hat.

Eine junge Frau in Kroatien tritt mit mir in Verbindung. Durch eine deutsche Touristin hat sie von mir gehört. Ihr Vater liegt unter entsetzlichen Schmerzen in Deutschland im Sterben. Er will unbedingt sterben, schafft es aber nicht allein. Sie fragt an, ob ich ihrem Vater helfen könne.

Nicht ich, sondern die Geister helfen, stelle ich richtig. Außerdem verspreche ich nichts. Solle ich helfen, bräuchte ich auf jeden Fall die Erlaubnis des Vaters, ob er die Hilfe von mir und den Geistern annehmen möchte. Wenig später ruft die Frau zurück und gibt mir grünes Licht.

Ich mache eine geistige Reise zum Krankenhaus, wo der Vater auf der Intensivstation liegt. Ich gehe in Kontakt mit seiner Seele und frage vorsichtshalber nochmals nach, ob er wirklich Hilfe möchte. Ich bekomme ein eindeutiges Ja. Meine Bärin sagt mir, ich müsse ein Krafttier für den Vater holen.

Also gehe ich in die Welt der Krafttiere, und dort kommt eine grau getigerte Hauskatze auf mich zu. Das wundert mich sehr, denn meistens

zeigen sich die Krafttiere in ihrer wilden Form.
Aber da ich gelernt habe, auf diese Geistwesen
zu vertrauen, nehme ich die Katze mit, gehe zu-
rück an sein Bett und blase ihm die Katze in sein
Herz und in seinen Scheitel ein.

Ich frage nach, ob ich auch noch Seelenteile
holen muss, aber das wird verneint. Ich ver-
abschiede mich von der strahlenden Seele des
Vaters und wünsche ihm einen schnellen und
leichten Übergang.

Viele Tage später bekomme ich Nachricht aus Kroatien.

Der Vater sei zwei Tage nach meiner Krafttier-Übertragung gestorben. Vom Moment der Übertragung an,
kam eine kleine Katze an das Haus der Frau gelaufen,
setzte sich auf ihre Türschwelle und saß dort beharrlich
zwei Tage lang und war durch nichts zu verscheuchen.
Als der Vater der Frau starb, verschwand sie einfach.

Weder davor noch danach hatte die Frau diese Katze je
wieder gesehen.

Wie so oft bin ich sprachlos vor Staunen.

Als meine Mutter sich daran machte, die Dimensionen zu
wechseln, war ich an ihrer Seite. Meine Schwägerin und
mein ältester Bruder versorgten sie wunderbar bis zum
Schluss.

Ihr Tod kam mit neunundachtzig Jahren nicht uner-
wartet, aber eines Tages rief meine Schwägerin an, die
Mama verweigere die Nahrung und sie könne ihr doch

nicht beim Verhungern zusehen.

„Ich komme", rief ich, packte meine Sachen und fuhr zu ihr. Seit einigen Monaten war Mama ans Bett gefesselt. Bis zu dieser Zeit hatte sie ihren Haushalt zusammen mit meinem Vater selbstständig geführt. Von dem Augenblick an, als sie inkontinent wurde und sie Windeln brauchte, war ihr Lebenswille gebrochen. Sie fand diesen Zustand so entwürdigend, dass sie sich schleunigst aus dem Leben schlich.

Als ich bei ihr ankomme, ist sie schon „weit weg". Sie reagiert nicht mehr auf meine Ankunft, ich rede aber trotzdem mit ihr, halte ihre Hand und gebe ihr immer wieder schluckweise zu trinken oder benetze ihre Lippen. Bald verweigert sie auch das. Langsam treffen immer mehr Geschwister ein, aber Mama ist zäh.

Ich gehe auf die Reise für sie und frage ihre Seele, ob sie Hilfe möchte beim Übergang. Sie gibt mir zu verstehen, dass sie schon darauf gewartet habe. Also gehe ich auf die Suche nach einem Krafttier. Ein Schwan bietet sich an, mich zu begleiten und zu ihr zu kommen. Ich blase ihr den Schwan ein und bedanke mich, wie ich es immer tue. Dass es ein Schwan ist, freut mich besonders, denn er bringt die Verwandlung der Seele in ihren ursprünglichen Zustand.

Ich bedanke mich auch bei der Seele meiner Mutter für mein Leben, dass sie mich angenommen und geliebt hat, obwohl ich schon das neunte Kind in ihrer kinderreichen Familie war.

Es ist natürlich ein sehr bewegender „Abschied", aber ich weiß ja, dass meine Mutter weiterleben wird, und ich kann sie noch bis ins Licht begleiten. Danach wird sie sowieso immer um uns herum sein mit ihrer Liebe und Kraft.

Am zweiten Tag nach der Krafttier-Übertragung wird meine Mutter wie immer morgens gewaschen und sie bekommt ein frisches Nachthemd übergezogen. An diesem heißen Sommertag, einen Tag vor der Sommersonnwende, sitzen wir gegen Abend alle plaudernd im schattigen Garten. Ich werde unruhig und werde innerlich zu ihr ans Bett gerufen. Also setze ich mich zu ihr und bemerke, dass sie immer langsamer atmet. Ich rufe meine Geschwister und Verwandten ans Bett, der Abstand zwischen den Atemzügen wird immer größer. Alle stehen ums Bett herum und beten für einen leichten Übergang: das Vaterunser und Ave Maria, die ihr so viel bedeuteten in ihrem Leben. Um fünf Minuten vor sieben Uhr nimmt sie ihren letzten Atemzug. Der Schwan trägt sie sicher über die Schwelle, mitten ins Licht hinein.

Etwas später spricht mich mein Neffe an, ob mir nichts an Omas Nachthemd aufgefallen sei? Ich verneine, und er führt mich an ihr Bett zurück. Ich schaue auf ihr Nachthemd, welches wir ihr am Morgen angezogen haben, ohne das Hemd näher zu betrachten. Über der linken Brust auf Herzhöhe befindet sich die Stickerei einer

Uhr angebracht, deren Zeiger in blauen und roten Fäden fünf Minuten vor sieben Uhr anzeigen, die Minute ihrer Heimkehr ins Licht!

Von meinem Vater verabschiede ich mich mindestens dreimal.

Jedes Mal denke ich: das ist das letzte Mal, dass ich ihn lebend sehe. Das erste Mal, bei einer schweren Lungenentzündung, stehen viele seiner Kinder, Schwiegertöchter und Enkelkinder um sein Bett und beten. Sein Atem fließt immer langsamer, und wir erwarten seinen letzten Atemzug. Plötzlich öffnet der Alte seine Augen, schaut sehr wach von einem Gesicht zum anderen und fragt mit klarer, lauter Stimme: „Haltet ihr Gericht über mich? Dann sprecht jetzt euer Urteil!"

Das ist so komisch, dass wir alle in lautes Gelächter ausbrechen.

Er liegt noch ein weiteres Jahr im Bett und reibt ständig seinen Bauch. Wir denken, er hat Winde. Später habe ich erfahren, dass das Bauchreiben tatsächlich eine Methode sei, Emotionen zu verarbeiten.

Diese Zeit im Bett hat er wohl noch gebraucht. Ich bringe ihm schon Monate vor seinem Übergang ein Pferd als Krafttier. Er liebt Pferde. Mit fünfundneunzig Jahren „reitet" er dann, einen Tag vor der Wintersonnwende, friedlich zu seinem Melkschemel in den Himmel. Mein Bruder, seine Frau und ihr Sohn sind bei ihm.

An diesem Tag stößt mein Mann den Wecker von der Anrichte, den wir nur als Uhr benutzen – nie als Wecker.

Er hebt ihn auf und stellt ihn wieder ab. Um dreiundzwanzig Uhr klingelt der Wecker plötzlich los, wir erschrecken höllisch. Mein Mann hat wohl die Weckfunktion ausgelöst, die auf elf Uhr stand. Nur zwanzig Minuten später ruft mein Neffe an und berichtet, der Opa sei um dreiundzwanzig Uhr friedlich eingeschlafen!

Ihr, die Ihr mich geliebt habt,
trauert nicht um das Leben,
das ich beende, sondern freut Euch
mit mir über das Leben, das ich beginne.

Augustinus (345 – 420 n.Chr.)

NATURGEFLÜSTER

 Für mich gibt es nichts Heilsameres, als in der Natur zu sein und von ihr genährt zu werden.

Aus diesem Grund fiel die Wahl für unser derzeitiges Zuhause bewusst auf ein Häuschen auf einer Waldlichtung. Um mich herum sehe ich nur Bäume, Wiesen und einen Bach mit all seiner beseelten Lebendigkeit. Tagtäglich werde ich an die vier Elemente erinnert und wie wichtig es ist, mich mit ihnen zu verbinden, denn sie wirken in mir, wie in meiner Mutter, der Erde. Durch die Elemente bin ich eins mit ihr. Wenn ich mich dusche oder wenn ich trinke, danke ich dem Wassergeist. Wenn ich morgens hinaus gehe und tief durchatme, danke ich dem Luftgeist. Wenn ich esse oder mich kleide, danke ich dem Erdgeist, und wenn ich morgens das Feuer in meinem Herd entfache, dann danke ich für die Wärme, die uns der Feuergeist ins Haus bringt.

Ich bin überzeugt davon, dass wir die Elemente beeinflussen können und sie uns zugetan sind. Ich erlebe es immer wieder beim Vollmond-Trommeln, wenn meine Schamanengruppe sich bei mir trifft. Es mag vorher oder nachher regnen, solange wir unsere Bewusstseinsreisen draußen am Feuer machen, ist es trocken. Und das seit Jahren! Selbst der Heilige Franziskus, einer der bekanntesten Mystiker, hat die Elemente in seinem „Sonnengesang"[3] verzückt gepriesen. Seine Gesänge hören sich an wie die Gesänge der Schamanen aller Völker und Zeiten. Ich muss nur die Harmonie der beseelten Natur betrachten, ihr lauschen, sie fühlen, dann durchfließt mich ein wunderbarer Schauer und mein Herz hüpft vor Freude.

Sommers wie winters, trete ich barfuß vor meine Tür und begrüße den jeweiligen Geist, manche sagen auch Engel, den Geist der Erde am Morgen und den Geist des Himmels am Abend. Diese Zeremonie geht auf die Schriften der Essener zurück[4] in denen die Lehre Jesu, des Christus, geschrieben steht, die aber nicht in den biblischen Kanon aufgenommen wurden.

Für mich haben diese Schriften ein Fenster auf die Lehre Jesu geöffnet, wo der große Meister die Verbindung mit der Natur als unabdingbar zur Heilwerdung predigt. Endlich hatte ich mein Zuhause in einem Christentum gefunden, welches um den Aspekt der Heiligkeit der Natur, auch unserer Natur, und der Heiligkeit des Weiblichen erweitert ist. In diesen Schriften gibt es nicht nur ein „Vaterunser" sondern auch ein „Mutterunser", welches Jesus zur gleichen Zeit gelehrt hat.

---

3   Sonnengebete", Franz von Assisi, Anaconda Verlag, Köln, hier: Lied an Schwester Sonne, 2007
4   Die Unbekannten Schriften der Essener, Buch 2, Dr. E.

Mutterunser

Unsere Mutter, die du bist auf Erden,
geheiligt sei dein Name.
Dein Reich komme,
und dein Wille geschehe,
in uns, wie in dir.
Da du jeden Tag deine Engel sendest,
so sende sie auch zu uns.
Vergib uns unsere Sünden,
wie wir alle unsere Sünden gegen dich sühnen.
Und führe uns nicht in die Krankheit,
sondern erlöse uns von allem Übel,
denn dein ist die Erde,
der Körper
und die Gesundheit.
Amen [5]

In den Schriften der Essener steht auch geschrieben, dass wir hinausgehen sollen auf das Feld, unsere Schuhe ausziehen, die Kleider ablegen und den Engel der Erde, den Engel der Sonne, den Engel der Luft und den Engel des Wassers umarmen sollen. In der heutigen Zeit, wo die Elemente sich immer öfters in ihren Extremen zeigen, in Vulkanausbrüchen, Orkanen, Erdbeben, Tsunamis und Überschwemmungen, wird es immer wichtiger, sie zu ehren und uns der Einheit mit ihnen bewusst zu

---

[5]   Das Friedens Evangelium der Essener, Buch 1, Dr. E.Bordeaux Székely, Verlag Neue
      Erde, 2002

werden. So stellen wir wieder die Harmonie auf Erden her. Noch während ich an diesem Buch arbeite, teilen mir die Geister im Traum mit, die Zeit sei nun gekommen (November 2011), sich vermehrt um die Versöhnung mit den Elementen zu bemühen! Es sei mein Auftrag, die Versöhnung mit den Elementen zu lehren. Ganz ähnlich erzählt uns Sandra Ingerman nach dem verheerenden Wirbelsturm „Kathrina", der New Orleans verwüstete, dass ein Geist ihr in einer Vision mitgeteilt habe, wir hätten unsere Aufgabe als Mittler zwischen Himmel und Erde vergessen. Nun müssen der Himmel selbst nach der Erde und die Erde nach dem Himmel greifen!

Seit Jahrtausenden begeben sich Menschen fastend und betend auf Visionssuche in die Wildnis. Sie tun es, weil sie wissen, dass die Natur immer Antworten für uns bereithält, da sie ein wundersamer Spiegel unserer Seele ist. Schon öfter habe ich Visionssuchen geleitet, auch für traumatisierte Jugendliche. Die Großzügigkeit von Mutter Natur ist immer wieder berührend, denn keiner, nicht ein Einziger, kam je ohne Antwort auf seine Lebensfrage zurück.

Die Schwingungen draußen in der Natur sind um ein Vielfaches höher als in der Stadt. In der Stadt muss ich mich permanent anstrengen, um meine Energie hoch schwingen zu lassen. Draußen, in Wald und Flur, muss ich nur sein, und schon steigt mein Energieniveau.

„Baut aus euren Vorstellungen eine Laube in der Wildnis, ehe ihr in den Mauern der Stadt ein Haus errichtet", rät uns schon vor einhundert Jahren der libanesische Poet und Weise Khalil Gibran.[6] Die Stadt saugt Energie, die Natur gibt. Die Luft im Wald perlt wie Champagner. Ich werde reichlich beschenkt von Mutter Erde. Je bewusster ich mich mit der Natur verbinde, desto stärker ist die Resonanz. Für mich ist sogar der Wind mein Bruder und trägt einen Namen.

Schon vor fast vierzig Jahren hat die Musikgruppe „Steppenwolf" in einem Lied beklagt: „I know a child that's only seen the sunrise on a silver screen!" (Ich kenne ein Kind, das den Sonnenaufgang nur auf der Mattscheibe gesehen hat!)

Wann haben wir zuletzt einen Sonnenaufgang erlebt, und dabei dem ersten, beglückenden Vogelgesang gelauscht? Wann haben wir im Gras im belebenden Morgentau gelegen? Wurde unsere nackte Haut je von einem warmen Regen geduscht, oder vom kalten Schnee gebissen? Wie oft haben wir im Wind auf einem Hügel gestanden und unsere Arme in einem „Willkommen" ausgebreitet? Wo sind wir im Morgengrauen nackt durch einen See geschwommen und haben die Sinnlichkeit des Augenblicks genossen? Hast du schon einmal auf der Erde gelegen, voll sinnlicher Freude durchströmt, sodass du dich eins gefühlt hast mit ihr? Wann haben wir uns das letzte Mal einen Tee gebraut aus frisch gepflückten Wildblumen, Farn, Rotklee, Frauenmantel, Schafgarbe, Brombeerblätter,

---

6   Der Prophet, Khalil Gibran, Neuübersetzung Februar 2002, dtv München

Schachtelhalm und vielen anderen, von denen noch der Morgentau perlt?

Manchmal krieche ich auf allen vieren über die Wiese und schlürfe die Tautropfen von den Pflanzen. Das ist gebündelte, labende Pflanzeninformation, völlig kostenlos, und ich fühle mich sofort belebt!

Wir haben unsere Verbindung und unser Vertrauen in die Natur vollkommen verloren, haben uns abgeschnitten von ihrer Fülle und Harmonie, die alles für uns bereithält, was wir brauchen. Es fängt schon bei den Kindern an: Sie kommen in einem „Krankenhaus" zur Welt, anstatt zu Hause, als wäre das Gebären eine Krankheit. Ich spreche nicht von jenen, bei denen Komplikationen zu erwarten sind. Unsere Kinder werden gar nicht oder zu kurz gestillt. Sie werden mit plärrendem Plastikspielzeug und grellen Farben unruhig gemacht. Jede Tiermutter wehrt sich unter Einsatz ihres Lebens, wenn ihr das Kind weggenommen wird. Wir liefern sie freiwillig, man kann sagen, „wie Schafe" in einer Tagesstätte ab, wo sich Fremde um sie kümmern. Die Mütter haben nicht mehr unsere tiefe Achtung und Unterstützung für diesen heiligsten aller schöpferischen Akte, des Empfangens, Tragens und Gebärens. Wie oft wird ihnen die Möglichkeit verwehrt, ihren Kindern die Nestwärme zu geben, die jedes Wesen für eine gesunde Entwicklung braucht? Schauen wir hin: Wo wird ein Junges in der Natur von der Mutter getrennt, wo aus dem Nest oder der Höhle geworfen, wo von einer Ersatzmutter betreut, bevor dieses Junge nicht selbstständig leben kann?

Unsere Kinder laufen neben der vermeintlichen Karriere her, und wir wundern uns, wenn wir sie nicht mehr kennen, wenn sie kein Sozialverhalten entwickeln, unreif bleiben oder emotional verkrüppeln.

Unsere Kinder sind unsere Zukunft!

Wir erschaffen unsere Zukunft jetzt. Was, um Himmels Willen, erschaffen wir da? Wir müssen einen Weg finden, auf dem Frauen ihre Rolle auch als Mutter mit Bewusstheit und tiefer Befriedigung leben können, ohne dass ihre ureigenen Talente ungenutzt bleiben. Unser Nachwuchs kommt irgendwann in die Schule, und die Hälfte der Klasse braucht angeblich Ritalin, dieses wesensverändernde Medikament mit all seinen katastrophalen Nebenwirkungen. In Schulen, die der Seele des Kindes keinerlei Nahrung bieten, sondern den analytischen Verstand mit zu viel totem Wissen überfrachten.

Die Fasern unserer Kleidung sind aus Kunststoff hergestellt. Schon in ihrer Herstellung sind sie umweltbelastend. Sie ziehen unserem Körper ständig Energie ab, wenn wir sie tragen. Wir können so viele wunderbare, energetisch einwandfreie Gewebe herstellen aus Wolle, Baumwolle, Hanf, Leinen, Seide, Bambus, die freundlich zu unserer Haut und unserem Energiehaushalt sind. Warum meiden wir das Natürliche?

Unsere Nahrung ist längst kein „Lebensmittel" mehr, sondern sie macht uns krank mit all ihren Giften. Meist wächst sie nicht einmal in der Erde, sondern auf einer „Nährlösung". Und jetzt kommt die Genmanipulation noch hinzu. Ist die Göttliche Schöpfung verbesserungswürdig?!

Unsere sogenannten „Heilmittel" kommen aus der Fabrik, chemisch zusammengesetzt mit endlosen Nebenwirkungen. Auf dem dritten Platz der Todesursachen liegen inzwischen, nach Herzinfarkt und Krebs, schädliche Nebenwirkungen von pharmazeutischen Erzeugnissen![7] Immer mehr Menschen reagieren allergisch auf die Prozesse in der Natur. Für mich ist das der kollektive Ausdruck von der Abwendung und Trennung von ihr. Wir verstehen uns nicht mehr als beseeltes Naturwesen, als Krone der perfekten Schöpfung, sondern als ein Konglomerat aus Zellen, Gewebe, Transmittern, Synapsen und einem Gehirn! Wir wissen seit Jahrtausenden, dass gegen jede Krankheit ein Kraut gewachsen ist. Und manchmal ist der Tod der große Heiler. Das universelle Gesetz versucht unmissverständlich, die Harmonie herzustellen zwischen den beiden Polen der Dualität. Wenn auf der einen Seite Krankheit herrscht, dann wächst natürlich ein Heilmittel auf der anderen Seite. Meistens sprießt es direkt vor der Haustüre des Patienten. Seit Urzeiten heilen uns unsere Pflanzengeschwister, die nichts kennen, als nährende, umfassende Liebe. Wir müssen ihnen nur die Chance geben, uns von ihnen finden zu lassen.

Das Auge von meinem Sohn Bernhard ist beim Basketballspielen verletzt worden, ein Mitspieler hat ihm die Hornhaut aufgekratzt. Bernhard geht sofort zum Augenarzt, bekommt eine Creme und wird nach

---

7   „Nebenwirkung: Tod", von John Virapen, Bucher Verlag, 2009

Hause geschickt. Er leidet unter Schmerzen und totaler Lichtempfindlichkeit. Er trägt eine Sonnenbrille, aber das reicht nicht aus. Zusätzlich legt er sich noch ein Handtuch über die Augen. Ich gebe ihm sofort Arnica und Euphrasia (Augentrost) in homöopathischen Dosen. Nach Stunden ist kaum Besserung spürbar. Ich rufe meine homöopathisch praktizierende Ärztin an. Sie empfiehlt mir Arnica und Euphrasia. Ich beklage, dass ich ihm diese Mittel zwar schon gegeben habe, der Erfolg aber ausgeblieben sei.

Mein Sohn leidet weiter.

Am nächsten Morgen zieht es mich bei Sonnenaufgang auf die Wiese nicht weit vom Haus entfernt. Dort sitze ich, ohne Wunsch und Wille, und genieße die frische Energie des Morgens. Ich fühle mich wohl im Gras, an einen Kirschbaum gelehnt, den Vögeln lauschend. Plötzlich fällt mir eine prachtvolle Staude mit rosa Blüten ins Auge. Seit wann steht die denn da? Ich bin sofort fasziniert und frage den Geist der Staude, ob ich einen Teil der Pflanze zur Bestimmung mit nach Hause nehmen dürfe. Ich darf, und ich erkenne durch mein Pflanzenbestimmungsbuch, dass es der Beinwell ist. Ich schaue sofort in meinem Homöopathiebuch unter seinem lateinischen Namen „Symphytum officinale" nach[8]. Staunend lese ich unter dem Stichwort „Augen": Schmerz im Auge wie nach Schlag mit einem stumpfen Gegenstand. Unvergleichlich bei Augenverletzungen!" Aufgeregt und hocherfreut finde ich

---

8   „Homöopathische Mittel und ihre Wirkungen, William Boericke, Verlag Grundlagen und Praxis, Leer, 1995

das Mittel in einer 200- Potenz in meiner Hausapotheke. Jemand in der Familie muss es schon vorher in einem anderen Zusammenhang verschrieben bekommen haben. Ich verabreiche meinem Sohn sofort eine Dosis und hoffe auf das Beste. Zwei Stunden später liest er Zeitung!

Ich bedanke mich aufs Herzlichste beim Geist des Beinwells, der sich mir förmlich aufgedrängt hat, danke meinen Verbündeten und Ahnen, die mich an diesem Morgen just zu diesem Spaziergang inspirierten und informiere meine Ärztin über die wunderbare Sofortheilung des Auges mit Symphytum officinale. Sie ist interessiert und froh über diesen Hinweis.

Schon von Anfang meiner laienhaften „homöopathischen Laufbahn", auf der ich nun schon glücklich dreißig Jahre wandle, ist „Arnica" eines unserer Hauptmittel in unserer siebenköpfigen Familie. Es steht immer griffbereit auf der Anrichte, ist in jeder Sporttasche eingepackt, ist in meiner Handtasche mein ständiger Begleiter. Bei jeder Verletzung, Operation, Zahnbehandlung ist Arnica hilfreich an unserer Seite. Oft habe ich mich bei ihr bedankt.

Auf einem Bergseminar mit Carlo Zumstein in der Schweiz begegnet mir Arnica auf einer Almwiese das erste Mal in der Natur in voller Schönheit und Blüte. Ich bitte Carlo und die Gruppe anzuhalten, da mein Herz gerade überquillt vor Freude und ich eine kleine Zeremonie für sie abhalten will, um meiner Dankbarkeit und Achtung Ausdruck zu verleihen. Ich hebe an, für diese große Heilerin zu singen, hole etwa zehn Arnica Kügelchen aus meiner Tasche und streue sie über die gelb leuchtende Pflanze.

Kaum endet mein Singen, sehe ich vor meinem geistigen Auge, wie sich die Arnica freudig verneigt. Frohen Herzens gehe ich weiter. Ein Kollege tritt an mich heran. Er ist Arzt, seit einem schweren Herzinfarkt hellsichtig. „Was ist da gerade passiert?", fragt er mich.

Ich berichte, wie ich mit meinem inneren Auge den Geist der Pflanze die Gabe und den Dank habe annehmen sehen.

„Ach", sagt er, „ich habe doch tatsächlich eine weiße Wolke aus der Pflanze aufsteigen sehen, die sich ausgedehnt und uns eingehüllt hat, gerade in dem Moment, als du die Kügelchen über sie gestreut hast."

Wieder einmal bekomme ich die Bestätigung, dass Pflanzen ein Bewusstsein und ein Empfinden haben.

Jahre später halte ich ein Seminar über Pflanzengeistmedizin in Deutschland. Wie ich später erfahre, hat mir zur akkurat gleichen Zeit, als ich im Seminar über mein Arnicaerlebnis in den Bergen erzähle, eine Bekannte aus Rumänien eine E-Mail geschickt. Sie träumte vor einigen Nächten, ich hätte an ihrem Bett laut, autoritativ und ununterbrochen gerufen: „ARNICA! ARNICA MONTANA! ARNICA!"

Da sie sich krank fühlte, holte sie sich sofort am nächsten Morgen Arnica aus der Apotheke – und seitdem ist sie gesund! Welch eine Verbundenheit zwischen Pflanze, Mensch und Situation. So arbeitet die Geistige Welt!

Wenn mir etwas in diesem Stil begegnet, dann weiß ich, ich bin in einem harmonischen Fluss.

Jeder schamanisch Tätige weiß, dass es nicht die einzelnen Inhaltsstoffe einer Pflanze sind, die heilsam wirken. Ich könnte natürlich sagen: Rotklee wirkt unterstützend gegen Husten und Leberbeschwerden, Wechseljahrbeschwerden, als Blutreinigungsmittel, für Rekonvaleszenten, aber das ist zu allgemein gehalten. Es ist der GEIST der PFLANZE, der die Heilung bewirkt, und dieser Geist tut es aus Freundschaft zum Schamanen oder Visionär.

Rotklee ist der erste Pflanzengeist, mit dem ich auf einer Bewusstseinsreise in Kontakt trete. Die Pflanze steht in einem Büschel auf einer grünen Bergwiese und sticht mir förmlich ins Auge. Ich fühle mich von ihr stark angezogen und setze mich neben sie.

Kaum bin ich auf dem geistigen Weg zu ihr, zeigt sie sich mir in einem rosa Gewand, wie eine kleine Elfe in alten Poesiealben. Sie versprüht Freude und Lebenslust. Es wirkt richtig ansteckend. Sie strahlt etwas Freches und Ausgelassenes aus. Ich bin sofort hellauf von ihr begeistert.

„Nenne mich Clio“, schlägt sie mir kichernd vor, obwohl ich sie gar nicht danach gefragt habe. Sie zeigt unverhohlen ihre Freude über mein Erscheinen.

„Ich kann alle deine Wunden und Narben hei-
len, auf jeder Ebene!" Und sie kichert wieder.

Ich frage sie, wie ich sie zu mir nehmen soll,
damit auch meine uralten Narben in der Seele
heilen.

Nun überschlägt sie sich fast vor Lachen.
„Das Essen meines Körpers wird das nicht be-
wirken. Denke in Liebe an mich, freue dich über
mich, fühle meine Gegenwart und vertraue auf
mich, dann wird dich mein Geist heilen! Du
kannst meine Blüten pflücken und essen oder
Tee zubereiten, es hilft dir, die Verbindung zu
mir zu vertiefen."

Ich komme aus dem Staunen nicht heraus
über dieses entzückende Wesen.

Das ist der Beginn einer noch immer währenden Freundschaft. Ich kann „Clio" rufen, wann immer ich einen Rat
brauche für einen Klienten und wenn ich nicht sicher
bin, welcher Pflanzengeist ihm helfen könnte. Sie inspi-
riert mich immer. Ab und zu bereite ich mir einen Tee
aus ihren wunderschönen Blütenköpfchen, oder ich kaue
ihre süßen Blütenblättchen frisch vom Pflanzenbüschel.
Vor meinem geistigen Auge sehe ich sie dann kichern. Bei
einem Aspekt bin ich mir sicher: Mein Körper hat noch
nie Beschwerden der Wechseljahre erlebt, so wie die
meisten Frauen in meinem Alter. „Clio" hat alte Narben
bei mir geheilt, die bei den meisten Frauen den Übergang
zum Matronenalter mit unangenehmen körperlichen und

seelischen Symptomen erschweren.[9]

Viele Pflanzenheiler, Schamanen und Visionäre meinen, eine Pflanze, oder auch ein Edelstein oder Mineral, müsse sich erst im Traum zeigen, bevor es hilfreich sein könne. Das kann im Schlaf, auf einer Bewusstseinsreise oder in einer spontanen Vision geschehen.

Der Körper unseres Jüngsten kämpft mit einer schweren Bronchitis. Die Nase ist voll, und er atmet schwer. Die ausgewählten Homöopathika schlagen nicht an. Ich bin besorgt und schlafe unruhig. Ich werde mit einem außergewöhnlichen Traum beschenkt:

> *Ich bin in einer kargen Gegend. Vor mir liegt ein See und ich weiß sofort, dass es ein „Antimonium-See" ist. Aus manchen Erdritzen steigt ein ekelhafter Schwefelgestank. Ein älterer Mann, in typischer Wildwestmontur, gräbt nach Gold.*

Als ich aufwache, sinniere ich über diesen Traum nach. Was ist Antimonium? Von woher hat sich dieses fremde Wort in meinen Traum geschoben? Ich ahne, dass es ein Homöopathikum sein könnte und schlage in meinem Buch nach. Nahezu fassungslos bleibt mein Blick an einem Mittel hängen: „Antimonium sulphuratum aurantiacum – Goldschwefel – ein beachtliches Mittel für viele Arten chronischer Nasen- und Bronchienkatarrhe."

---

9   Matrone im Sinne von Lebensrhythmus einer Frau: vom Mädchen zur Frau, von der Frau zur Matrone – auch Muttergöttin genannt -, von der Matrone zur Alten.

Noch nie habe ich von einem solchen Mittel gehört, und in dieser außergewöhnlichen Zusammensetzung schon gar nicht. Ich bin sicher, meine Ahnen oder die Naturgeister selbst haben es mir eingeflüstert, als ich es in höchster Not für unseren Sohn brauchte.

Und es brachte ihm unversehens die Heilung!

Manchmal ist die Führung zum richtigen Heilmittel auch unmittelbar und direkt.

Mein Zweitjüngster, Lorenz, kommt mit unerträglicher Migräne bei mir zu Hause an. Bis jetzt hatte ihm jedes Mal Magnesium phosphoricum von Dr. Schüssler geholfen, die sogenannte „Heiße Sieben". Aber dieses Mal reicht dieses Mittel nicht mehr aus. Seine Augen tränen, die Nase läuft, unerträgliche Schmerzen plagen ihn. Ich rufe eine Freundin an, von der ich weiß, dass sie jahrzehntelang unter starker Migräne litt. Aber auch sie kann uns mit einem Rat nicht weiterhelfen. Ich lasse meinen Sohn auf dem Sofa zurück, mit viel Mitgefühl, welches fast in Mitleid umschlägt: Ich muss mich einem Klienten zuwenden, der einen Termin bei mir hat und der bereits vor der Tür steht.

Bevor ich in der Einzelsitzung mit der schamanischen Reise für meinen Klienten beginne, bedanke ich mich erst beim Krafttier meines Sohnes, dem Wolf, und allen anderen Helfern. Sie werden meinem Sohn beistehen. Erst dann wende ich mich meinem Klienten zu und formuliere die Absicht für dessen Reise. Für diesen Menschen darf ich einen Pflanzengeist mitbringen, und ich schaue in meinem Buch nach, ob es diese Pflanze auch als homöopathisches Mittel gibt. Das Buch klappt auf der Seite von „China" (Chinarindenbaum) auf, und mir fallen tausend Schuppen von den Augen:

Als ich mit meinem Sohn Lorenz im fünften Monat schwanger war – damals noch in Kamerun – erkrankte ich sehr schwer an Malaria. Ich befürchtete, mein Kind zu verlieren, und wäre doch froh gewesen zu sterben, um diesen irrsinnigen Kopfschmerzen zu entgehen, die mich grausam plagten. Mir wurde Chinin in meine Venen getropft, was mich gesunden ließ.

Mein Sohn, der nebenan mit schwerer Migräne liegt, ist inzwischen 24 Jahre alt, aber jetzt erst sehe ich den Zusammenhang klar und deutlich: Seine jahrelangen Migräneanfälle haben ihren Ursprung in dieser vorgeburtlichen Zeit. Sofort gebe ich ihm China C 200, welches ich noch vorrätig habe und seine Migräne verschwindet.

Ich habe schon einige Seminare über Pflanzengeistmedizin gehalten. Die Fülle an Einsichten, Hinweisen, Heilwirkungen und Heilungen, die uns die Pflanzengeister schenken, sind überwältigend. Und da draußen wartet ein unendlicher ungehobener Schatz der Natur auf uns. Wie oft ich Klienten helfen konnte, weil ich ihnen einen Naturgeist von der Reise mitbringen durfte, kann ich in meiner Erinnerung selbst kaum mehr nachvollziehen.

Annemarie ist voller Trauer. Weinend erzählt sie mir, dass sie seit fünf Wochen aus Kamerun zurück sei, wohin sie zur Geburt ihrer Enkelin gereist war. Fast zwei Monate intensiver Nähe mit der neuen Enkeltochter lassen sie innerlich einfach nicht in Deutschland ankommen.

Annemarie würde am liebsten den Rucksack packen und zurück in den Dschungel gehen, was ihre hiesigen Lebensumstände jedoch nicht erlauben. Die überbordende Natur des Dschungels und das Leben dort in größter Einfachheit haben sie fasziniert und bereichert und bescheren ihr jetzt ein unerträgliches Heimweh.

Ich mache mich auf die Suche nach Hilfe in meinem ewigen und unendlichen Garten. Meine Verbündeten in der geistigen Welt zeigen mir zwei Seelenteile von Annemarie. Ihre Enkeltochter hält eines davon.

Sie spricht zu ihrer Großmutter: „Wenn du traurig bist, bin ich es auch. So soll es doch nicht sein. Wir sind in Liebe und Freude verbunden. Freu dich, dass es mich gibt, so wie ich mich freue, dass es dich gibt. Wir sind immer verbunden, auf ewig, Großmama!"

Sie reicht mir das Seelenteil von Annemarie, welches voller Liebe für das Leben strahlt. Aus der afrikanischen Erde vor mir löst sich noch ein weiteres Seelenteil.

Annemarie lebte dort in einem anderen Leben. Sie heiratete einen der ersten weißen Siedler,

wird aber nie ganz von der weißen Familie an-
genommen. Ihr Kind wird ihr entfremdet. Durch
diese Trauer verliert sie auch ein Seelenteil. Das
Seelenteil strahlt große Lebensfreude aus.

Plötzlich taucht meine Rotkleefee „Clio" auf.
Sie lacht mich an, einen Tintenfisch in der Hand!

Das sieht so komisch aus, dass auch ich la-
chen muss.

Sie schlägt mir vor, Annemarie den Geist
des Tintenfisches mitsamt den erhaltenen
Seelenteilen einzublasen, was ich auch tue.

Als ich Annemarie von der Reise berichte, ist sie sehr
berührt. Als ich zum „Tintenfisch" komme, vermutet sie
sofort, es könnte sich um das homöopathische Mittel
„Sepia" handeln, welches aus der Tinte des Tintenfisches
hergestellt wird. Ich ziehe mein Homöopathiebuch über
die psychologische Bedeutung homöopathischer Arzneien
zurate.[10] Darin wird bei „Sepia" ausgeführt: Sehnsucht
nach Harmonie, die den eigenen Vorstellungen entsprechen muss, anstelle die tatsächlichen Möglichkeiten des
Lebens zu nutzen."

„Das ist es, genau das ist es!", ruft Annemarie froh.

Damit ist sie endgültig Zuhause „gelandet".

Seit dem Erfolgsbuch „Der Pferdeflüsterer" von Nicholas

---

[10] Die psychologische Bedeutung homöopathischer Arzneien, Antonie Peppler, Band 1,
      CKH Verlag, 1998

Evans, hat die Tierkommunikation einen wahren Boom erlebt. Es gibt kaum noch ein Tier oder eine Methode, die nicht in Büchern beschrieben wird. Auch hier bewahrheitet sich, dass Kommunikation mit allen Wesen möglich ist, was die Schamanen und Visionäre schon seit Jahrtausenden wissen und praktizieren. Jeder kennt die kleinen Spielchen, die wir mit unseren Haustieren spielen, bei denen wir sehr gut erkennen, dass sich die Tiere mitteilen, dass sie mitfühlen und uns verstehen. Jeden Morgen, wenn ich der Hofkatze ihr Milch-Wasser-Gemisch in die Schüssel gieße, stößt sie mich mit ihrem Kopf an meinen Arm. Ich verstehe es als tägliches Dankeschön und auch als Aufforderung sie zu kraulen.

Sammy ist ein sanfter Connemara Wallach. Er gehört meiner Nichte, die mit ihren Pferden Führungstrainings anbietet. Ich möchte diese Methode gerne einmal kennenlernen, und meine Nichte lädt mich zu einer Übungsstunde ein. Ich suche mir Sammy aus, denn er ist der Kleinste der Pferde, vor deren Größe und Kraft ich doch mächtig Respekt habe. Außerdem ist er mir mehr vertraut, da ich auch schon einmal auf ihm geritten bin. Obwohl ich große Scheu vor Pferden habe, berühren sie mich immer wieder mit ihrer Kraft, ihrer Schönheit und ihrer Anmut.

Meine Nichte führt mich mit Sammy auf den runden Sandplatz von etwa zehn Metern Durchmesser und stellt mir einige orange Hütchen, eine Plane, eine niedrige Stange und eine Leine zur Verfügung. Ich soll mir einen Parcours aufbauen und Sammy hindurchführen. Ich nehme Sammy erst einmal an die Leine und laufe mit ihm die ganze Runde ab. Schnell sind ein paar Hütchen im Abstand hintereinander aufgestellt, durch die ich mich mit Sammy an der Leine hindurchschlängele.

Ich lege die Plane auf dem Sandboden aus, lasse Sammy darüber laufen und danach auch noch darauf anhalten, was Pferde wohl nicht gerne mögen. Selbst die niedrige Stange überspringt er anstandslos. Alles klappt wie am Schnürchen! Nun nehme ich Sammy die Leine ab und ermuntere ihn, den Parcours hinter mir her zu laufen.

Nichts.

Ich befehle ihm, hinter mir her zu laufen!

Nichts.

Sammy rührt sich nicht von der Stelle ohne die Leine. So viel zu meiner Überzeugungskraft! Ich komme mir vor wie eine Dompteurin, die ihren Willen dem Tier aufzwingen will. Das widerstrebt mir bis ins Innerste. Den freien Willen des Pferdes finde ich sehr sympathisch! Ich schaue in Sammys seelenvolle schwarze Augen und eine Welle der Zuneigung steigt in mir hoch. Ich schließe meine Augen und gehe in Kontakt mit Sammys Seele. Ich sehe sie wie ein schillerndes Regenbogenpferd, welches frei und ungebunden mit wehender Mähne über eine Wiese prescht, mit wehender Mähne. Der Anblick dieses göttlichen Wesens begeistert mich, und ich mache meinen Frieden damit, dass Sammy einfach nicht so will wie ich.

Plötzlich merke ich, wie er sich von mir wegdreht, und ich öffne erschreckt meine Augen. Er hat die Nase voll, denke ich sofort. Er läuft die Rundung des Sandplatzes ab, bis er an der von mir am weitesten entfernten Stelle Halt macht, sich abrupt in meine Richtung wendet und schnurstracks auf mich zuläuft. Bei mir angekommen, legt er seinen Kopf auf meine Schultern.

Zutiefst überrascht und bewegt treten mir Tränen in die Augen. Welch ein Ausdruck der Liebe, der Achtung und der Verbundenheit!

Auch für meine Nichte sind das bewegende Momente. So etwas hat selbst sie noch nie erlebt in ihrer langen Pferdekarriere!

Die Natur ist unsere engste Verbündete hier auf Mutter Erde. Sie wartet mit einer unendlichen Fülle auf uns. Sie liebt uns bedingungslos, denn sie gibt auch jenen, die verächtlich und voller Unverstand „auf sie spucken". Aber wie lange noch?

Wir brauchen eine neue heile Vision der Erde. Das, was wir denken und fühlen, materialisiert sich. Es hilft der Erde nicht, wenn wir nur ihre Katastrophen und ihre Zerstörung sehen und dagegen kämpfen. Wir müssen sie uns immer wieder in vollem Glanz und Herrlichkeit vorstellen und uns darüber freuen. Dann kann Heilung eintreten.

Meine Lehrerin Sandra Ingerman stellt in ihrem Buch: „Heilung für Mutter Erde" eine wunderbare Zeremonie vor, die eine transformierende Auswirkung auf uns und die

Umweltverschmutzung hat.[11] Diese Tatsache wurde immer wieder, auch unter professionellen Laborbedingungen, getestet und bestätigt. In der Zeremonie erinnern wir uns einfach unserer Gott-Natur, sehen und fühlen uns als reines, pulsierendes Lichtwesen. Um diesen Zustand zu halten, fangen wir an zu singen, summen oder chanten. Es wird ein Glas Wasser mit Ammoniumhydroxid vermischt. Ein Schluck davon kann tödlich sein. Durch die Zeremonie verbessern sich die Werte so sehr, dass das Wasser zwar unverträglich, aber bestimmt nicht mehr tödlich ist. Wir fotografieren Pfirsiche, Käse, Knabberbrot, Kaffeesahne und Äpfel mit einer modernen Kirliankamera, um deren Lichtstrahlung sichtbar zu machen, anschließend legen wir sie in unseren Kreis.

Nach der Zeremonie zeigt sich die Aura um jeden Gegenstand um ein Vielfaches größer und homogener. Wir haben nichts dafür getan, keine Energie hingeschickt, keine Gebete dafür gesprochen, sondern haben transfiguriert, sind „nur" zu Lichtwesen geworden. Bei den Schamanen ist diese Verwandlung bekannt unter dem Namen „shape shifting". Sandra Ingerman wurde sogar von der UNO eingeladen, um über ihre Entdeckungen zu referieren. Sie hat bewiesen, dass wir, kraft unserer Gott-Natur, einen immensen heilenden Einfluss auf unsere Umwelt haben.

Das erklärt auch folgende taoistische Geschichte, die

---

[11] Sandra Ingerman, „Heilung für Mutter Erde" Econ Ullstein List Verlag GmbH & Co. KG, München, 2002

Sandra Ingerman während eines Seminars erzählte:

„In einem Dorf in China herrscht eine furchtbare Dürre.

Als alle üblichen Methoden nichts fruchten, holt man den berühmten Schamanen und Regenmacher aus einem anderen Dorf. Er erbittet sich eine kleine Hütte am Dorfrand, die Mahlzeiten solle man außen hinstellen und ihn auch sonst nicht stören. Als es nach Tagen noch immer nicht regnet und die Leute bereits ungeduldig werden, geht die Tür auf und er tritt heraus. Im gleichen Moment ziehen Wolken auf und ein herrlicher Regen erfrischt das Land.

Die Menschen fallen auf die Knie und bewundern den großen Regenmacher. „Ich sah, als ich ins Dorf kam, dass alle Leute außer sich und nicht in Harmonie sind, auch ich nicht. So habe ich mich zurückgezogen, die Balance in mir wieder herzustellen. Und als ich soweit bin, beginnt es zu regnen. Man kann den Regen nicht herbeizwingen. Aber ist man im Gleichgewicht, ist es auch das Wetter.“

DIE FLÖTE GOTTES

 Carlo Zumstein lebt und praktiziert sehr erfolgreich als Psychotherapeut und Schamanischer Praktiker in der Schweiz. Seine eigene leidvolle Erfahrung mit Depressionen hat ihn zu einem Diamanten geschliffen unter den schamanisch arbeitenden Kollegen und Lehrern. Seine Seminare „Traumpfade" haben den Namen wirklich verdient, denn sie sind traumhaft gut und führen uns auf den Pfad der direkten Offenbarung.

In einem dieser Seminare von 1998 durchlaufe ich ein Ritual, in dem ich mir selbst Seelenteile zurückhole.

Mit jedem wiedergefundenen Seelenteil dehnt sich mein Lichtkörper mehr und mehr aus. Das Licht scheint aus jeder prall gefüllten Zelle mit einem Jubelschrei hervorzubrechen. Am Ende des Rituals vibriere ich ekstatisch und ich weiß intuitiv, dass ich die „Flöte Gottes" bin. Ich bin zum Kanal einer höher schwingenden Energie geworden. Im tiefsten Innern ist mir bewusst: Ich muss nur meinen Mund aufmachen und mich dieser Energie überlassen, dann fließen heilende Töne und nährende Worte durch mich hindurch in die Welt, die Heilung braucht.

Von diesem Zeitpunkt an summe ich fast ständig vor mich hin. Heute, vierzehn Jahre später, haben sich dieses Wissen und diese Gabe noch verfeinert und weiter entwickelt.

Wenn ich Seminare halte oder mit Klienten spreche, dann benutze ich manchmal Worte, die wirklich nicht von mir kommen. Ich halte dann innerlich inne und sage mir: „Oh, Barbara, das war gut, das musst du dir merken!"

Mein Kollege Aurel Mocanu, der alle meine Seminare ins Rumänische übersetzt, hat schon eine ganze Liste von „Barbarismen", wie er diese weisen Sprüche nennt, zusammengetragen. Er zitiert mich manchmal, und ich frage dann ganz ungläubig: „Das habe ich gesagt?"

Und ich weiß ganz genau, dass ich wieder offener Kanal war für die Urquelle, aus der alles strömt, dass ich wieder im Zustand der „Flöte Gottes" war.

Einige meiner mystischen Reisen haben mich in die Zukunft geführt, zu unseren Nachfahren. Wenn ich mit der Absicht reise, über ihr Heilwissen zu lernen, dann fällt mir immer wieder auf, dass die Zukunft des Heilens viel mit Klang, Licht und dem direkten Übertragen von Informationen (z.B. Homöopathie) zu tun hat. Auf die Frage hin, was ich denn jetzt schon tun könnte, damit sich diese Heilweisen gut in die Zukunft hinein entwickeln können, wurde mir aus der Anderswelt ganz lapidar mitgeteilt: „Fange an zu singen!"

Astrid ist verzweifelt. Sie bereitet sich ein zweites Mal auf die Heilpraktikerprüfung vor. Der gefürchtete Termin ist in einer Woche. Seit Monaten lernt sie sechs Stunden am

Tag alles, was sie als Heilpraktikerin über Gesundheit und Krankheit wissen muss und darüber hinaus Dinge, die völlig überflüssig scheinen, aber in der Prüfung abgefragt werden. Die Enttäuschung über das Versagen in der letzten Prüfung hängt ihr noch im Genick und drückt sie nieder. Kein Wort, kein Wissen will sich mehr in ihrem überquellenden Gehirn verankern. Sie ist frustriert und die Hoffnung auf Erfolg sinkt rapide. In ihrer Verzweiflung bittet sie mich um eine schamanische Reise:

> *Ich treffe sofort meine Bärin. Sie zeigt mir ein Ritual, welches ich bei Astrid anwenden soll: Ich soll ihre Chakren besingen, eines nach dem anderen. Der intuitive Singsang soll jedes Mal so lange anhalten, bis ich ein Krafttier darin wahrnehme. Mit einer Hand soll ich an der Vorderseite und mit der anderen Hand an der Rückseite des Chakras arbeiten. Ich bin wieder einmal völlig überrascht von dieser Anweisung, denn dieses Ritual ist mir völlig fremd. Ich frage Bärin, was ich denn dabei singen soll. Sie meine nur, da ich die „Flöte Gottes" sei, werden die Töne einfach kommen!*

Ich stelle Astrid im Profil vor mich hin. Meine linke Hand ist im Abstand von einigen Zentimetern von ihrem Körper entfernt vor dem Wurzelchakra platziert, die rechte Hand schwebt hinter dem Ende ihres verlängerten Rückens. Aus geöffnetem Mund fließen Töne hervor, die von ganz tief aus einer mir unbekannten Quelle aufzusteigen scheinen. Ich taste mit den Händen die Aura ab und spüre das Chakra als Trichter. Plötzlich taucht vor meinem inneren Auge ein kleiner Bär auf, der träge und lustlos in der Sonne liegt. Ich töne so lange, bis er aufsteht und anfängt, herumzutollen. Ich freue mich über die Lebendigkeit und wandere mit meinen Händen zum nächsten Chakra. Hier schwimmt ein Delfin wie in einem zu engen Pool auf und ab. Auch hier töne ich, bis der Delfin Saltos in der Luft schlägt und Lebensfreude zeigt. Beim nächsten „Trichter" fühle ich erst eine Enge und Härte, als würde ich auf einer schmalen Schotterpiste entlang fahren. In diesem Energiefeld muss ich viel länger singen, bis ich einen kleinen Fuchs wahrnehme, der aber nur mit der Spitze der Schnauze ängstlich aus seiner Höhle schaut. Hier verweile ich, bis der Kleine aus der Höhle tappt und in die Sonne blinzelt. Beim Herzen angelangt, fällt mir auf, dass sich meine Töne höher anhören als vorher. Hier steht ein ausgewachsener Hirsch in einem recht weitläufigen Gehege und äst. Ich öffne die Tür des Geheges, damit er jederzeit heraus kann, wenn er dazu bereit ist. Das Halschakra scheint verstopft zu sein, wie zugeschnürt. Ich bewege meine Hände vor und hinter dem Körper an dieser Stelle am Hals, bis sich die Energie mühsam zu bewegen anfängt. Die Töne werden lieblicher und langsam werde ich einer Taube gewahr, die in einem Käfig steckt. Ich öffne den Käfig und die Taube flattert aufgeregt heraus. Am dritten Auge angekommen, empfinde ich Wärme in der Aura. Langsam bricht ein Phönix hervor, schon völlig verstaubt, weil er sich nicht mehr bewegen konnte. Aus dem Scheitelchakra schießt eine violette Farbe in die Höhe, wie eine Fontäne unter Überdruck. Mit ihr wird ein Adler herausgespült, der sogleich seine Flügel schüttelt, der Sonne zum Trocknen hinstreckt und sich dann kraftvoll bis in die Sonne schraubt. Ein Sonnenstrahl fällt bis auf das Scheitelchakra herunter. Mein Gesang steigert sich zum Crescendo, und dann senke ich langsam meine Hände im Bogen vor und hinter dem Körper, bis ich den Ausgangspunkt wieder erreicht habe. Die violette Farbe zieht bis nach unten, von wo sie selbst wieder durch die Chakren aufsteigt als hätte ich ein perpetuum mobile eingerichtet. Gleichzeitig reduziert sich mein Tönen zu einem leisen Summen, welches dann in einem greifbaren Schweigen endet.

Astrid und mir fällt es schwer, dieses Schweigen zu durchbrechen, aber irgendwann umarmen wir uns in ehrfürchtiger Demut. Zwei Tage später ruft Astrid an: „Was hast du mit mir gemacht? Ich rühre kein Buch mehr an und mir ist völlig egal, ob ich womöglich etwas verpasse oder nicht. Ich bin völlig ruhig und ausgeglichen!"

Ich bin hocherfreut über diese Nachricht, denn sie zeigt mir wieder einmal, wie tief ich meinen Verbündeten vertrauen kann, wie wunderbar sie mich führen.

Am Tag der Prüfung begleite ich Astrid ins Gesundheitsamt, wo sie am Vormittag ihren Prüfungstermin hat. Auf ihre Bitte hin, sie noch einmal zu „besingen", gehen wir in die Behindertentoilette, weil da immer viel Platz ist und wir allein sind. Vor Lachen über diesen Umstand kann ich mich fast nicht auf das Ritual konzentrieren, aber ich singe noch einmal ihre „Chakrentiere" in eine höhere Lebendigkeit hinein. Dabei fällt mir auf, dass ich sie schon alle viel lebendiger antreffe, als Tage zuvor. Astrid meint noch, wenn uns einer hier erwischt, dann brauche sie gar nicht erst zur Prüfung antreten! Aber, nein, keiner stört uns und wenig später kommt sie strahlend vom Prüfungstermin zurück, Daumen hoch!

Wochen später fällt mir ein Buch in die Hände mit dem Titel: „Indianisches Chakra-Heilen" von Eligo Stephen Gallegos.[12] Ich bin sofort elektrisiert und lese mit Staunen über den „Totempfahlprozess", der dem Doktor der Psychotherapie mehr oder weniger beim Joggen einfiel.

Meinen Klienten hilft das Chakra-Tönen zumeist, blockierte Energien wieder in den Fluss zu bringen.

Meine wunderbare Bärin hat mich mit einem wahrscheinlich uralten Heilungsprozess in Verbindung gebracht.

Im August 2011 begleite ich sechs deutsche Frauen nach Sibirien. Angetan von meinen Schilderungen über meine Begegnung mit der Schamanin Tatjana Kobezhikova begebe ich mich mit ihnen auf den weiten Weg zu ihr in die Sajan-Berge in die Republik Chakassien.

Mit einem Kleinbus und einem PKW brechen wir an unserem Endflughafen Krasnojarsk am Jenissei auf. Nach

---

12 Indianisches Chakra-Heilen, Dr. Elegio Stephen Gallegos, Erd – Verlag, München 1991

dem langen Anflug liegt noch eine Autofahrt von fünf Stunden vor uns. Für jede Pause sind wir dankbar, in der wir unsere müden Glieder strecken können. Eine dieser Pausen werde ich nie mehr vergessen.

Unser Fahrer biegt plötzlich nach links auf eine große Parkbucht längs der Straße ein, obwohl wir nicht nach einer Pause fragen. Er wolle uns etwas Schönes zeigen, ist seine Erklärung. Wir steigen frohgemut aus und er führt uns Richtung Wald. Ein grüner massiver Käfig steht direkt am Waldrand. Er misst nicht mehr als vier auf vier Meter. Eine junge Familie steht schon davor, und ein kleines Mädchen wirft einen Apfel hinein.

Zutiefst schockiert starre ich fassungslos auf eine junge Bärin. Mir schießen die Tränen in die Augen. Im Käfig läuft das mächtige Tier wie getrieben auf und ab – auf und ab – hin und her – hin und her. Sie schert sich nicht um die Touristen, nicht einmal der Apfel weckt ihre Neugier und kann ihrem Lauf Einhalt gebieten. Wir sieben Frauen stehen davor und stoßen allesamt kopfschüttelnd Laute des Unglaubens und der Erschütterung aus.

Aus tiefster Seele steigen Klänge in mir auf, die ich ungeniert laut fließen lasse. In mir nehme ich die wahre Größe und Wildheit dieses Wesens wahr, eine kraftvolle, freie Bärin in allen Regenbogenfarben. Die Bärin im Käfig hält unvermittelt inne und trottet zielgerichtet auf mich zu. Sie setzt sich vor mich hin, steckt ihre Schnauze durch die Gitter – und fängt an zu weinen! Diese dunklen traurigen Knopfaugen, diese weinenden klagenden Laute, und die Tatze, mit der sie vergeblich versucht, mich zu erreichen – wie um mir nah zu sein – das alles ist einfach zu viel für mich.

Ein Kloß bildet sich in meinem Hals, die Stimme bricht ab, die Tränen laufen.

Zutiefst getroffen wende ich mich ab und fliehe als Erste in den Bus zurück, ohne noch einmal meinen Blick zu wenden. Das Wissen über die Unabänderlichkeit ihres Schicksals bedrückt mich zutiefst.

Mein „Gesang aus der Quelle" hat die Verbindung zur Quelle der Braunbärin hergestellt, zu ihrem wahren Wesen, dahin, wo wir EINS sind. Sie hat die Liebe und Achtung in diesen Klängen auf Anhieb verstanden. Hat sie die Bärin, die ich bin, in mir wahrgenommen? Es ist leicht, so etwas zu behaupten, aber ich werde das Gefühl nicht los, dass dieses „göttliche Lied" auch in freier Wildbahn zu einer friedlichen Begegnung mit dieser Bärin geführt hätte.

Noch heute singe ich für die Bärin, wenn sie wieder einmal durch mein Herz tappt, und ich freue mich an ihrem wahren wilden und freien Geist. Ich gehe davon aus, dass ich mich somit auch selbst aus meinem engen Käfig der Begrenzungen Stück für Stück befreie.

ROTES SOFA UND ANDERE NOTWENDIGKEITEN

Oftmals sind unsere Wünsche natürlich sehr irdischer und materieller Art. Wenn nach zwei Jahren im alten Haus endlich das Wohnzimmer renoviert ist, dann folgt automatisch der Wunsch, es auch zu möblieren. Das Sofa aus dem vorherigen Haus hatte den Umzug aus Altersgründen schon gar nicht mehr mitgemacht. Tisch und Stühle mit passender Anrichte, unsere alten Möbel aus Kamerun, wanderten nach und nach in das neue Wohnzimmer, aber die Sitzecke fehlte. Gleichzeitig gähnte im Geldbeutel durch das viele Renovieren ein riesiges Loch. In meiner Fantasie schlich sich trotzdem ein rotes Sofa ein. Ich fuhr ins nächstgelegene Möbelhaus, quasi als Wink an meine geistigen Verbündeten, mir bei der Suche liebenswürdigerweise zu helfen. Es war mir ernst mit meinem Traumsofa.

Aber nichts. Ich war schon fast durch das komplette Sortiment durch, da fiel mir ein rotes Sofa in die Augen, welches meinem Traumsofa doch sehr nahe kam: burgunderroter, samtiger Stoff, vorne angenietet, gedrechselte Holzfüße und bequemer Sitz, alles etwas rund gehalten.

Ich ging auf den Zweisitzer zu, nahm mutig das Preisschild zu Hand und war perplex: ordentliche 500 Euro!

Mein Blick ging automatisch in die Höhe und ich sagte zu meinen Verbündeten: „Bin gespannt, wie ihr das in mein Leben schafft"!

In mir ruhte die absolute Überzeugung, dass die Geister auch die beste Adresse für neue Möbel sind!

Nur einen Tag später hatte ich mein rotes Sofa für die Sitzecke!

Das kam so:

Mein Mann surfte mal wieder auf eBay, diesmal auf der Suche nach Schaffellen für unser Tipi. Er gelangte auf die Seite einer roten Sitzecke, weil auf dessen Zweisitzer und Dreisitzer jeweils ein Schaffell lag! Er beschrieb mir die Sofas, ob die wohl etwas für uns seien?

Und ob die für uns waren! Sie waren fast identisch mit den Sofas, die ich im Möbelhaus gesehen hatte. Die Sitzgruppe war nur drei Jahre alt und wurde von einer jungen Frau genutzt, die nun zu ihrem Freund zog, der bereits ein Sofa besaß.

Der Zweisitzer sollte 70 Euro kosten und der Dreisitzer 100 Euro! Mein Mann hatte die Suche bei eBay auf einen Umkreis von 50 Kilometern beschränkt. Und siehe da: die Möbel standen in Emmendingen, wohin er jeden Tag zur Arbeit fuhr. Als er die Verkäuferin nach der Adresse fragte, stellte sich heraus, dass unser rotes Sofa in der Nachbarwohnung unserer Tochter stand!

Bei meinem Mann wurde irgendwann die Idee geboren, ein Tipi auf unser Grundstück zu stellen, so wie es die Plains – Indianer – bauten, um es für alle unsere Treffen und Feiern zu nutzen.

Für mich bot es eine Möglichkeit, mich mit Gleichgesinnten zu dem einen oder anderen Naturerlebnis zu treffen, ohne zu sehr dem Wetter ausgesetzt zu sein. Mein Mann durchsuchte fleißig das Internet nach Tipis in allen Größen und Farben und holte Preise ein. Eines Tages stieß er auf ein Tipi mit acht Meter fünfzig Metern Durchmesser und von gleicher Höhe. Es war eine Sonderanfertigung, die aber vom Kunden nicht mehr gewünscht war. Dieses riesige Zelt war zum Preis eines sechs Meter Tipis zu haben.

Ich plädierte zum Sofortkauf, da es so günstig war, aber mein Mann wollte dafür bieten. Und wir bekamen unseren Traum günstiger erfüllt, als wir zu hoffen wagten! Als mein Mann mit dem Verkäufer in Kontakt trat, konnte der nicht fassen, dass wir die einzigen Bieter gewesen waren. Er versicherte uns, dass für solch ein Zelt normalerweise sehr viele Menschen bieten würden. Mein Mann erwiderte ihm trocken, dass er wohl wüsste, warum nur wir geboten hatten: „Es ist für uns bestimmt, ist doch klar!"

2007 lud ich den tuwinischen Schamanen und Häuptling Galsan Tschinag für ein Tagesseminar in das Tipi mitten auf unserer Waldlichtung ein. Vierzig Leute saßen bequem um ihn geschart, lauschten seinen Erzählungen und schauten seinen erstaunlichen Heilweisen zu.

Über die Jahre stellte ich fest, dass mir die geistige Welt immer zur rechten Zeit die Finanzmittel zuführte, die ich in just diesem Moment brauchte. Bis heute ist es mir ein Rätsel, wie wir aus eigener Kraft, mit nur einem Gehalt eines Angestellten, fünf Kinder versorgen und gleichzeitig in immer wertvollere Wohnobjekte ziehen konnten. Jedes Mal, wenn wir ein Haus kauften, war es für unseren Geldbeutel, mit Hilfe der Banken natürlich, erschwinglich. Und immer, wenn wir wegen Umzuges verkaufen mussten, war der Marktwert unseres Hauses zu unserem Vorteil gestiegen. Von guten Mächten fühlten wir uns beschützt und geführt und können unser Glück kaum fassen. Es ist ein besonders beruhigendes Gefühl zu wissen und darauf zu vertrauen, dass kein Geld auf dem Sparkonto liegen muss, denn wir werden mit dem versorgt, was wir aktuell brauchen. Welch eine Erleichterung und Freude!

Unser Dank ist grenzenlos.

RUMÄNIEN – LAND
MEINER AHNEN

 Jahrelang war es ein großer Wunsch von mir, die Heimat meiner Eltern in Rumänien zu besuchen.

Ihre Vorfahren hielt es nur zwei Generationen in der heutigen Ukraine nördlich des Donaudeltas aus, wohin sie 1808 aus dem damaligen Fürstentum Baden kommend auswanderten. Der Krieg zwischen Türken und Russen und einige Missernten bewog sie, bereits 1845 in der Dobrudscha zu siedeln, ein Landstrich südlich des Donaudeltas, der bis an die heutige bulgarische Grenze reicht. Damals gehörte diese Gegend zum Osmanischen Reich. Diese deutschen Siedler waren die einzigen, die jemals unter türkischer Herrschaft lebten. Sie lebten Seite an Seite mit Türken, Griechen, Rumänen, Makedoniern, Bulgaren, Tataren, Ungarn, Serben und Russen in einem Schmelztiegel der Völker.

Von meinen Urgroßeltern bis hin zu meinen zwei ältesten Geschwistern erblickten viele Familienmitglieder in dieser kargen Landschaft am Schwarzen Meer das Licht der Welt.

Im Jahr 2007 geht mein Wunsch endlich in Erfüllung. Mitten in die Vorbereitungen für diese Reise erreicht mich eine E-Mail von meiner Schamanischen Lehrerin Sandra Ingerman. Das Schreiben richtet sich an alle ihre Schülerinnen und Schüler in Europa.

Sie informiert uns, dass ein Rumäne, Aurel Mocanu, nach schamanischen Lehrern für sein Land sucht; der bislang kleine Kreis der Interessierten wachse stetig, die finanziellen Mittel jedoch zeigten sich eingeschränkt. Die Rumänen seien gewöhnlich keine wohlhabenden Leute. Ob sie Abhilfe wüsste?

„So ein Zufall", würde mancher denken, so kurz vor der Abreise nach Rumänien eine „Einladung" dort zu arbeiten? Mich wundert nichts mehr, kenne ich doch das Wirken meiner Geisthelfer sehr gut. Ob der Aufruf an mich gerichtet ist?

Am Tag darauf erhalte ich einen Anruf von einem guten Freund: „Barbara, darf ich dich besuchen kommen? Ich habe eine neue Freundin. Sie ist Rumänin und will alles über Schamanismus wissen!"

Wieder ein Hinweis?!

Sofort rufe ich Sandra Ingermans E-Mail wieder auf und kopiere die Adresse und Telefonnummer von Aurel Mocanu in mein Notizbuch, gespannt, aber ohne irgendwelche Erwartungen zu hegen. Die Zeichen sind nun doch zu deutlich. Der Gedanke, in Rumänien zu unterrichten, ist mir zu diesem Zeitpunkt so fremd wie eine Reise zum Mond.

In Begleitung von zwei Brüdern und zwei Schwägerinnen lande ich an einem heißen Augusttag in Konstanza am Schwarzen Meer.

Zehn Tage zuvor war ich von einer Reise in die Mongolei zurückgekehrt und bin nun erstaunt über die Ähnlichkeit der Dobrudscha mit der baumlosen Steppe Asiens.

Eingemietet in den schmucken ortsüblichen Häuschen von Jurilovca im Donaudelta, unternehmen wir nun Tagesausflüge in die Vergangenheit unserer Ahnen. Mein Bruder Norbert, den es schon viele Male vor mir hierher gezogen hat, führt uns an die schönsten Plätze und ist uns ein wunderbarer und verlässlicher Reiseführer.

Als wir uns alle zusammen auf den Weg nach Colelia machen, dem Heimatdorf meiner Eltern, packe ich meine kleine Reiserassel und Räucherwerk mit ein.

In Tariverde biegen wir von der Hauptstraße entlang der Küste in Richtung Steppe ab, und mir wird immer wärmer ums Herz. Die Dorfnamen Tariverde, Cogealac, Pantelimon, Raminic, Cuchiuc-Chioi und natürlich Colelia sind mir seit meiner Kindheit vertraut. Ich weiß aus Erzählungen meiner Eltern, dass ihr Dorf einer grünen Oase glich, wo unter anderem Melonen, Weizen, Trauben, Paprika, Tomaten und Auberginen wuchsen, in einem fast mediterranen Klima. Ein breiter Bach entlang des Dorfes versorgte die Felder und das Vieh mit dem so nötigen Wasser. Jeder Hof hatte seinen eigenen Ziehbrunnen und Garten. Die schnurgerade Dorfstraße prangte als Allee. Überall spendeten zumeist Akazien ihren kühlen Schatten.

Als mein Vater im Alter von 72 Jahren mit meinem Bruder Josef 1986 das erste und einzige Mal das Heimatdorf besuchten, lag schon kein Stein mehr auf dem anderen, kein Baum und kein Strauch begrünten den Ort.

Meinen Vater betrübte dies zutiefst, nur noch die Kirche, die er als junger Mann mit eigenen Händen zu erbauen half, war stehen geblieben. Das Dach hing halb eingestürzt, die Kirche selbst war als Schafstall von einem Hirten entweiht und missbraucht. Als mein Vater diesen für ihn geheiligten Ort betrat, fiel er auf die Knie und weinte bitterlich.

2006 besuchte mein Bruder Norbert diesen kahlen, staubigen Ort erneut. Er traf auf ein großes Zelt, das orthodoxe Nonnen neben der Kirche aufgeschlagen hatten. Diese guten Frauen wollen die Kirche wieder aufbauen und den Ort Colelia zum Kloster einrichten. Sie bringen wieder Leben in die Steppe und heben das Dorf aus der Vergessenheit. Wie wunderbar!

Von Weitem schon sehen wir die weiße Kirche aus der staubtrockenen Monotonie der Steppe aufragen, daneben ein großes Armeezelt! In der Ferne bearbeiten mehrere riesige Traktoren nebeneinander den Boden der endlosen Felder und setzen dabei eine gewaltige Staubwolke frei.

Mein Herz klopft laut und heftig.

Als wir aus dem klimatisierten Mietwagen steigen, schlägt uns eine Hitze entgegen, die die Luft sirren lässt. Freudestrahlend kommt uns eine Nonne entgegen gelaufen, sie erkennt Norbert und seine Frau Roswitha vom letzten Besuch. Sofort werden wir ins Zelt eingeladen, wo uns erfrischende Getränke gereicht werden. Die Nonnen freuen sich wirklich über jede Abwechslung in ihrer Einöde. Mir stehen ständig die Tränen in den Augen, nicht wissend warum.

Die Nonnen ermuntern uns, die Kirche zu besichtigen und danach das Essen mit ihnen zu teilen. In der kühlen Kirche, schmuck im neuen Dach und neuen Fenstern, ist ein Meister der Ikonenmalerei am Werk. Fast die Hälfte der Wände ist bereits bedeckt von Engeln und Heiligen in vollendeten Formen und Farben.

Wir sind zutiefst beeindruckt.

Aus der Kühle der Kirche treten wir wieder in die Mittagshitze, um der alten Dorfstraße zu folgen. Ein alter Ortsplan zeigt uns an, wo die Häuser unserer Eltern gestanden haben müssen: sie lagen schräg gegenüber. Unsere Eltern waren Nachbarskinder. Jetzt zeugen nur noch staubige Erdhügel von den damaligen Lehmhäusern.

Eine eigentümliche Wehmut überkommt mich, gemischt mit einem tiefen Gefühl des Ankommens.

Auf einer übrig gebliebenen Treppe von drei Stufen, die wohl in den Garten eines Hauses führte, entzünde ich ein Teelicht und ein Räucherstäbchen.

Während meine Brüder Norbert und Johannes wie Archäologen nach kleinen Überresten im Staub der Vergangenheit scharren und meine Schwägerinnen Marlies und Roswitha die breite Dorfstraße entlang schlendern, jede in Gedanken versunken, schwinge ich meine Rassel und suche den Kontakt zu meinen Ahnen.

Sofort entfaltet sich das Dorf in seiner vollen Lebendigkeit vor meinem inneren Auge. Ich spüre sogar den Schatten der Akazienkronen über mir. Plötzlich drängt sich die unerlöste Seele vom Stiefvater meines Vaters in meine Wahrnehmung.

Der Stiefvater starb noch in der Dobrudscha.

Mit ihm habe ich überhaupt nicht gerechnet.

Mein Vater verlor nie ein böses Wort über ihn. Aus den Erzählungen meiner Mutter aber weiß ich, dass der „Vetter Siman", wie sie ihn alle nannten, dem Alkohol zugetan war und im Rauschzustand drohte, meinen Vater umzubringen, so tief war der Hass auf ihn. Mein Vater wurde in den Stall verbannt und musste viel Prügel aushalten. Erst als der Stiefvater bettlägerig wurde, wuchs die Dankbarkeit über die Anwesenheit seines Stiefsohnes, denn der übernahm ohne zu murren als Fünfzehnjähriger sämtliche Arbeiten und Pflichten des Familienoberhauptes und damit auch die Versorgung seiner wesentlich jüngeren Stiefgeschwister.

Da steht er nun vor mir, der „Vetter Siman", als arme Seele. Ich habe nie einen guten Gedanken über ihn verloren, und dafür schäme ich mich nun. Es ist nicht schwierig, ihm bewusst zu machen, dass er schon lange verstorben ist und nun die Zeit reif ist, ins Licht zu gehen. Ich zähle ihm alle Menschen seines Umfeldes auf, die schon längst auf ihn warten und rufe sie herbei.

Aus dem Licht taucht meine geliebte Oma Margarete mit einem warmen Lächeln auf, fordert ihren zweiten Mann mit einer einladenden Geste auf, ihr über die Lichtbrücke zu folgen, die sich zwischen ihr und der Armen Seele gebildet hat und weit hinaus in die Ewigkeit reicht. Mein Stiefopa dreht sich noch einmal um, wirft mir einen Blick der Dankbarkeit zu, dann sind beide verschwunden.

Zutiefst erleichtert betrachte ich die Seelenbegleitung meines Stiefgroßvaters als tiefe Aussöhnung mit ihm und unserer Sippe.

Bei allen Ahnen bedanke ich mich für ihre Lebensleistung und ihren Freigeist, der sie mutig von einem Ort zum anderen führte, nie haben sie ihre Seele an Materie gebunden, nie ihre Seele verkauft.

Eines wird mir bei meinem Aufenthalt in Colelia tief bewusst: Im Staub der Dobrudscha erfahre ich das erste Mal unter Tränen das Gefühl von Heimat, welches ich bisher nie kannte, egal, in welchem Land ich lebte, nicht einmal in Deutschland.

Wir unternehmen noch einen Ausflug nach Malcoci, in der Nähe von Tulcea, am südlichen Rand des Donaudeltas. In diesem Dorf haben meine Vorfahren väterlicherseits gesiedelt. Das einstöckige Einfamilienhaus oberhalb der heute fast schon zerfallenen deutschen Kirche ist noch bewohnt, und wir bestaunen von außen seinen üppig berankten Vorhof, so typisch für diese heiße Region. Hier wurde eines Nachts mein Urgroßvater Johannes von einem betrunkenen türkischen Soldaten erschossen. Als Dorfschulze (Bürgermeister) hatte er es gewagt, sich über die hohen Abgaben zu beschweren.

Es wird aber auch erzählt, dass er sich schützend vor die weiblichen Personen im Haus stellte. Ein Anflug von Melancholie überrollt mich bei diesem Gedanken. Welch ein Drama für die Überlebenden, die in jenen Zeiten so wesentlich vom Mann im Hause abhängig waren! Wer sollte nun die schwere Arbeit auf dem Feld hinter dem Ochsenpflug leisten, wer die Hauptlast des Ernteeinbringens tragen, wer die wehrhaften Schweine und Kälber schlachten? Mit dem Verlust des Mannes in Haus und Hof trat durch die Hintertür die Not herein.

Ich folge meinem Bruder Norbert nachdenklich auf den Friedhof. Hier finden wir ein frisches Grab mit unserem Familiennamen. Es muss wohl noch entfernte Verwandte im Ort geben. Ich zünde wieder eine Kerze an, stecke ein wohlriechendes Räucherstäbchen in die Erde und singe mich in Trance.

Vor meinem inneren Auge erscheint mein Urgroßvater Johannes. Er sitzt zusammengesunken und schaut sich fragend um. Mir wird sofort klar, dass er durch seinen so gewaltsamen und plötzlichen Tod noch immer nicht begriffen hat, dass er in dieser Welt verstorben ist

und sich in einem neuen Seinszustand befindet.
Ich spreche ihn liebevoll an und ermuntere ihn,
dass er sich nun dem Licht zuwenden kann, um
all seine Lieben wieder zu treffen. Sein Ausdruck
erhellt sich merklich, er hebt seine Augen zum
Licht und wird wie magisch davon angezogen.
Er schaut sich noch einmal kurz um, ein himm-
lisches Wesen holt ihn ab, und er wird Eins mit
dem Licht.

Mir kullern die Tränen über die Wangen. Ich muss an seinen Sohn mit gleichem Namen denken, meinen Großvater
Johannes, der als Kind seinen Vater auf so grausame Weise
verliert, und bereits selbst im Alter von 27 Jahren Opfer
des Ersten Weltkrieges wird, indem er gezwungen ist, als
Deutscher für Rumänien gegen die Deutschen zu kämpfen. Welch ein Irrsinn. Und an all die anderen Frauen
und Kinder in meiner Ahnenlinie, die unter schwersten
Bedingungen ihren Lebenskampf ohne männliche Hilfe
weiterführen.

Ich gedenke auch meiner Großmutter Eva-Maria mütterlicherseits, die ich noch persönlich kannte und lieb-
te, die auch in Malcoci geboren ist, heute ein verträumter
kleiner Ort in der Dobrudscha.

Während ich in der „alten Heimat" weile, nehme ich te-
lefonisch Kontakt mit Aurel Mocanu auf. Wie er mir später erzählt, stolpert er und eine Gruppe gerade schwer be-
packt im schwindenden Abendlicht einen Hügel hinauf

zu einer kleinen Waldhütte, wo ein Wochenendseminar mit dem englischen Schamanischen Praktiker Howard Charing stattfinden soll.

Aurel sieht es sofort als gutes Omen an, dass ich ausgerechnet mitten in diese „action" hinein telefoniere.

Am nächsten Tag ruft er mich zurück und wir beschließen ohne Umschweife, wieder in Kontakt zu treten, sobald ich zu Hause in Deutschland bin.

Wir sind uns sofort sympathisch und organisieren ein Basis-Seminar für das Frühjahr 2008.

Aurel Mocanu ist ein Pionier für die schamanische Heilung in Rumänien. Er hat schon viele berühmte und bekannte Heiler, traditionelle und moderne, nach Rumänien geholt.

Er gibt nicht auf in seinem Bemühen, den spirituell Suchenden einen neuen und gangbaren Weg aufzuzeigen. Trotzdem bleibt er verbunden mit seinen christlich-orthodoxen Wurzeln. Sein Humor ist umwerfend, und seine Sensibilität macht ihn zu einem gesuchten schamanischen Heiler mit intensiven Erfahrungen und zu einem mitfühlenden Psychotherapeuten.

Meine Aufnahme in Rumänien als schamanische Lehrerin ist zutiefst herzlich. Diese gefühlvollen und spirituellen Menschen liegen mir sehr, und ich kann viele Freundschaften schließen.

Das Lehren macht viel Freude, und zusammen mit den zwischenmenschlichen Beziehungen ist ein Ausflug nach Rumänien immer eine Herzenssache für mich.

Bei meinem zweiten Besuch in Bukarest im Mai 2008, führt mich meine liebe Freundin und Schülerin Iliana Sisea auf den katholischen Friedhof Belu, wo ich das Grab meines Großonkels Rafael zu finden hoffe. Er verließ seine Heimat Rumänien nie und wirkte als katholischer Priester, auch in Bukarest. Er gehörte dem Orden der Jesuiten an, war ein weit gereister und belesener Mann, der viele Sprachen beherrschte. Unter den Kommunisten verbrachte er zwölf Jahre im Gefängnis. 1952 wurde er wegen Hochverrats zu achtzehn Jahren Gefängnis verurteilt. Sein einziges Vergehen bestand darin, katholischer Priester zu sein und als solcher auch heimlich die Messe zu zelebrieren. Ich erinnere mich, dass wir als Kinder jahrelang täglich für seine Freiheit beteten. Selbst nach seiner Entlassung 1964 wurde er weiterhin von der Rumänischen Geheimpolizei überwacht und von ihr bedrängt, für sie zu arbeiten. In der heute einzusehenden Überwachungsakte ist zu erkennen, dass in ihm ein unbeugsamer und aufrichtiger Geist wohnte. Selbst in die Enge getrieben von einer Armee von Kollaborateuren, verriet er doch nie seine Überzeugungen und seinen Glauben. Noch 1973 wurde ihm vorgeworfen, dass er „die Gesetze des Landes nicht respektiere", „Beziehungen zu Fremden" unterhalte und unierten Priestern helfe. Als unierte Priester werden jene bezeichnet, die der griechisch-katholischen Kirche angeschlossen sind und der orthodoxen Liturgie folgen, den Papst aber als rechtliches Oberhaupt anerkennen. In den 1940er Jahren lebte Pater Rafael als Priester in Cernowitz. Dort taufte er etwa einhundert Juden und bewahrte sie so vor dem Wahnsinn der Rassenverfolgung. Unter den grausamen Verfolgungszeiten des kommunistischen Antonescu-Regimes nach dem Zweiten Weltkrieg rettete er viele Personen vor den Todeslagern in Transnistrien. Er starb 1978 als 83jähriger in Bukarest, wo er bis zuletzt das Amt des Beichtvaters in einem Nonnenkloster inne hatte.[13]

Als ich sein Grab entdecke, bin ich überrascht, wie wunderbar gepflegt es immer noch ist. Nach nächtlichem Regen duftet die Erde, ein kräftiger Busch Hortensien, noch ohne Blüten, wächst im vorderen Bereich, und um das geschmiedete Eisenkreuz rankt ein üppig blühender Rosenbusch mit rosa Blüten. Sicherlich pflegen die Nonnen sein Grab, von denen ich weiß, dass sie ihn sehr verehrten.

> *Ich zünde eine Kerze an, schließe meine Augen und fange an zu tönen. Ich singe ihm ein Lied, welches aus der Tiefe meines Herzens aufsteigt. Plötzlich steht er vor mir, um vieles jünger, als ich ihn von einem Bild in Erinnerung habe, und er lächelt mich an.*
>
> *Er strahlt, als er sagt: „Du wirst jetzt meine spirituelle Arbeit in Rumänien weiterführen, und ich werde dich dabei begleiten und führen!"*

---

13 Ich danke dem Schriftsteller und Journalisten William Totok aus Rumänien für die ausführliche und erhellende Recherche über die Biografie von Rafael Haag (1895-1978) http://www.europalibera.org/content/article/2120928.html.

Ich bin zutiefst berührt, wünsche aber, dass meine konfessionsfreie Lehre, die uralte spirituelle schamanische Praxis, die vor jeder Religion existierte, das Bewusstsein der Menschen über die Grenzen und Dogmen hinaushebt, die in allen Religionen ein Hindernis zur befreiten und direkten Begegnung mit dem Göttlichen sein kann.

Nun erinnere ich mich auch an eine interessante Geschichte über Pater Rafael. Befragt, wie er denn die lange Einzelhaft überstehen konnte, faltete er seine Hände und meinte lächelnd: „Da konnte ich endlich mit meinem Schöpfer allein sein!" Er war in den langen schweren Jahren im Gefängnis zum Mystiker geworden.

Ich spüre seine liebende Gegenwart immer sehr stark, wenn ich in Rumänien unterwegs bin.

Dass mich nur noch die Erinnerung an tote Verwandte emotional und energetisch an Rumänien bindet, macht mich manchmal sehr traurig. Nichts als Staub ist geblieben, eine deutliche und wertvolle Lehre über die Vergänglichkeit. Die sichere Gewissheit, dass meine Ahnen heute bewusstere und größere Geister sind als damals und mich immer liebevoll umgeben, versöhnt mich mit ihrem und meinem Schicksal.

Im Frühjahr 2009 möchte ich ein Fortgeschrittenen-Seminar in Bukarest anbieten mit dem Titel: „Wahre Mutter – Wahrer Vater, Erkundungen zwischen Identität und Bewusstsein". Es ist mir wichtig, es in einem Wochenendformat durchzuführen, bei dem alle Teilnehmer an einem Ort bleiben können. Bukarest ist ein

Moloch, was den Verkehr betrifft. Sich jeden Abend und jeden Morgen durch den Verkehr zu quälen, verbraucht ein großes Quantum an guter Energie.

Ich rufe Aurel an und schildere ihm mein Ansinnen. Seine Antwort ist direkt und trocken: „In Bukarest gibt es keine Seminarhäuser, und selbst wenn es sie gäbe, könnten die Menschen das gar nicht bezahlen – das weißt du ja."

Ich lege ruhig auf, hebe meine Augen zum Himmel und sage: „Ihr wisst, was richtig und gut ist. Danke, dass ihr dafür sorgt, dass alles gut wird!"

Und lasse die Angelegenheit los.

Zwei Wochen später ruft Aurel an. Er freut sich offensichtlich sehr. Gerade hat er ein Basis-Seminar abgehalten und dabei erwähnt, dass ich in drei Wochen komme, um ein sehr anspruchsvolles Fortgeschrittenen-Seminar abzuhalten. Mein Wunsch sei, dass alle zusammen blieben für das ganze Wochenende, um die Energie hoch zu halten. Eine Teilnehmerin des Basis-Seminars, mit Namen Luminita, habe sich sofort gemeldet und ihm mitgeteilt, dass sie ein Hotel in Bukarest besitze, welches sie uns gerne umsonst zur Verfügung stelle!

In solch eindrücklichen Momenten, wenn die geistige Führung so völlig offensichtlich ist, werde ich ganz demütig und klein im Zeichen dieser Wunder.

Die Mittfünfzigerin Luminita mit der warmen Ausstrahlung, die das sehr hochrangige und doch gemütliche Hotel Razvan in Bukarest führt, hat für das ganze Wochenende keine zahlenden Gäste angenommen – mit

Ausnahme eines Dauergastes. Ihr Küchenpersonal, die Kellner, ihre Putzfrauen arbeiten rund um die Uhr für unsere Bedürfnisse weiter. Wir sind vierzig Leute an diesem Wochenende. Luminita bittet uns lediglich um die Übernahme des Einkaufspreises für die Nahrungsmittel, die sie für uns besorgen muss! Wie kommt es, dass sie eine so außergewöhnlich großzügige Seele ist? Luminita erzählt, dass ihr Sohn Razvan, 22 Jahren alt, starb, nachdem er nach fünf Jahren seinen Kampf gegen den Krebs verlor. Sie habe schmerzhaft erfahren und gelernt, dass Sein wichtiger ist als Haben. Der Name „Luminita" bedeutet auf Rumänisch „Lichtchen". Ich meine, diese Frau müsste „Großes leuchtendes Licht" heißen.

An einem milden Sommerabend 2009 steige ich in den Nachtzug in Oradea, ganz im Westen Rumäniens, um achtzehn Stunden lang quer durch Rumänien nach Konstanza am Schwarzen Meer zu fahren.

In der Nachmittaghitze des darauf folgenden Tages warte ich durchrüttelt und übernächtigt dort am Bahnhof auf meinen Bruder Norbert mit Schwägerin Roswitha und auf meinen Bruder Bernhard, der sich zum ersten Mal in Rumänien aufhält. Zusammen wollen wir wieder hinaus in die Steppe fahren und schauen, was die tüchtigen orthodoxen Nonnen inzwischen alles neu gebaut haben und um auch Bernhard die Heimat unserer Eltern näherzubringen.

Ich drücke mich in den Schatten des Bahnhofdaches, da die Hitze nur so flimmert.

Ich bin recht durstig, finde aber keinen Verkaufsstand mit Getränken. Ständig werde ich umschwirrt von schwangeren Romafrauen und deren Kindern, die mich anbetteln. Obwohl ich ihnen schon gutes Geld geschenkt habe – fühle ich mich ihnen doch seelenverwandt – lassen sie nicht von mir ab. Sie erkennen meine missliche Lage: Da steht eine, kennt sich nicht aus und wartet auf jemanden, der einfach nicht auftauchen will. Gut eine Stunde verstreicht, als meine Brüder und die Schwägerin endlich vorfahren. Nach glücklichen Momenten der Umarmung und des Wiedersehens verfrachte ich mein Gepäck im Mietwagen und warte mit Roswitha am Auto, weil Norbert noch einmal losgezogen ist, um seine geliebten Platschinten (süße Mehlspeise) und Getränke zu kaufen.

Unvermittelt tritt ein alter Rumäne an uns heran und spricht uns an. Unter weißen Haaren strahlen himmelblaue Augen in einem sonnengebräunten, faltigen Gesicht. Wir verstehen kein Wort und sind froh, dass Norbert wieder auftaucht. (Er lernt seit zwei Jahren Rumänisch und kann sich schon ganz gut verständigen). Der alte Herr setzt erneut an, seine Gestik und sein Tonfall unterstreichen eine Bitte. Norbert übersetzt uns, dass er ein armer Rentner sei, aber zwei Räume in unmittelbarer Nähe zum Meer besäße, die wir doch mieten sollten. Als er mitbekommt, dass Norbert mit uns Deutsch spricht, sagt er plötzlich im blütenreinen Dialekt unserer Eltern, den wir sonst nur von Deutschen aus den Dobrudschadörfern kennen: „Wu kumme ner her? (Woher seid Ihr?)"

Wir schauen uns untereinander verdutzt an und antworten, dass wir aus Deutschland kommen. „Wu welle ner hin? (Wo wollt Ihr hin?)"

Mir kriecht Gänsehaut über den ganzen Körper. Wir erzählen ihm, dass wir ein Dorf in der Steppe besuchen möchten, aus dem unsere Eltern kommen. „Jo, welles? (Ja, welches?)"

Wir antworten ihm, dass es „Colelia" heiße. Dem Mann stürzen Tränen in die Augen, er schlägt vor Überraschung die Hände vors Gesicht und ruft gerührt aus: „Colelia!"

Unfassbar, aber wahr, dieser Mann ist im gleichen Dorf groß geworden, wie unsere Eltern und deren Familien. Immer wieder schütteln wir ungläubig den Kopf, quetschen Dumitru, so sein Name, ins Auto hinein und fahren mit ihm zu seinem Häuschen. Dumitru tischt sofort auf, vor allem Schnaps, und es wird angestoßen, gelacht, geweint und erzählt. Wir kennen seinen Namen aus Erzählungen der Eltern. Etwa 130 deutsche Familien lebten in Colelia und nur zehn rumänische, er gehörte zu einer dieser Familien. Seine Mutter war ein deutsches Waisenkind, welches von Rumänen angenommen und aufgezogen wurde, daher die himmelblauen Augen. Auch er und seine Familie litten unter der Antonescu Diktatur. Sie wurden in ein Todeslager in Transnistrien (heute völkerrechtlich zur Republik Moldawien gehörend) verfrachtet, wo seine Eltern erschossen wurden. Er selbst konnte sich unter einem Zaun durchgraben und fliehen. Zwei Jahre hielt sich der plötzlich heimat- und elternlose Zwanzigjährige versteckt. Die schönste Zeit seines

Lebens verlebte Dumitru unter den deutschen Siedlern in Colelia – wie er sagt. Er ging mit ihnen zur Schule, heckte Streiche aus, wurde mit ihnen als Gleicher unter Gleichen groß. Er zählt uns alle unsere Onkeln und Tanten auf, berichtet über seine tiefe Trauer und seine Fassungslosigkeit, als nach dem Krieg ein deutscher Kamerad zurückkommt nach Colelia, nur um zu berichten, wer alles von den Jungmännern im Krieg geblieben ist. Er sagt uns unbekannte Kinderreime auf, an die er sich noch erinnert, und er ergänzt solche, die unsere Eltern nur noch halb kannten. Eine tiefe Vertrautheit entsteht in kürzester Zeit zwischen uns und ihm.

Dumitru möchte nur noch vier Jahre leben, dann sei er bereit vor seinen Schöpfer zu treten. Mir scheint, als sei unsere Anwesenheit sehr wichtig für den Greis, da er durch unser unverhofftes Auftauchen noch einmal seine Kindheit und Jugend im Geiste durchleben und darin aufblühen kann. Er sinniert auf Rumänisch, ist weit weg, und wir müssen ihn wieder und wieder zurückholen, ihn daran erinnern, dass wir ihn nicht verstehen.

Für uns ist er ein großes emotionales Geschenk, wie ein Vater und eine Mutter vor Ort. Wir laden ihn ein, mit uns nach Colelia zu fahren. Dagegen wehrt er sich: Dieses Elend möchte er nicht noch einmal sehen! Nach dem Weggang der Deutschen seien Mazedonier in die Häuser eingezogen.

Als Hirtenvolk, dem Acker- und Gartenbau von jeher fremd sind, ließen sie die blühenden Gärten der Deutschen in kürzester Zeit verwildern. Die Häuser bestanden noch bis in die 6oer Jahre. Dann, unter dem rumänischen Diktator Ceausescu, der einen Industriestaat aufbauen wollte, und die Bauern von den Dörfern als Arbeiter in den Städten ansiedelte, wurde Stein für Stein aus Colelia abtransportiert. Nichts blieb außer einem staubigen Rest der Häuser, die heute wie zu Grabhügeln zusammengescharrt liegen.

Am Spätnachmittag verabschieden wir uns von Dumitru, da wir noch bis Jurilovca in der Norddobrudscha fahren müssen, wo wir bereits ein Häuschen für unseren Aufenthalt gebucht haben. Ihm und uns fällt es schwer, die richtigen Herzensworte zu finden. Werden wir uns jemals wiedersehen?

Ein Wunder ist geschehen. Deutlich sehe ich es vor mir: Mein Zug kommt viel früher an, und meine Brüder finden den Bahnhof nicht, weil nirgends in der 300.000 Einwohner Stadt Konstanza ein Richtungsschild zum Bahnhof weist.

Genau in diese Lücke wird Dumitru geführt, wahrscheinlich der einzige Moment im Leben aller Beteiligten, in dem diese Begegnung hat stattfinden können!

Ich bin mir sicher: Hier waren hauptsächlich die Geister der Ahnen am Werk. Ich bin ihnen noch heute für das Geschenk dieser Begegnung von Herzen dankbar.

Im März 2010 bin ich wieder in Bukarest. Ich bin zu Gast im Heilzentrum von Cristina und Ilie. Ich frühstücke gemütlich mit ihnen und einigen Schülern und Kollegen.

Eine Schülerin ruft mich beunruhigt an, sie hat einen Klienten, den sie nicht mehr alleine schamanisch behandeln möchte und kann. Seinen Zustand bezeichnet sie als sehr ernst und sie bittet um meine Hilfe. Da dies ein Notfall ist und ich vor Ort bin, willige ich selbstverständlich sofort ein.

Als ich Eric an der Tür empfange, erschrecke ich sehr. Noch nie habe ich einen Klienten gesehen, bei dem das Licht in den Augen fast vollständig erloschen ist. Der attraktive Mittvierziger läuft kraftlos schwankend auf den nächsten Sessel zu und fällt förmlich hinein. Aus seinen dunkel umrandeten Augen laufen die Tränen, als er mir in fließendem Englisch mitteilt, dass er seit vielen Tagen nicht mehr geschlafen habe, nervlich völlig am Ende sei, und die Last der Verantwortung für die große Familie und seine Verbindlichkeiten ihn förmlich erdrücken. Ich spüre, eine große Versagensangst sitzt auf seiner Brust, raubt ihm alle Energie und lässt ihn nicht mehr schlafen. Und Angst frisst die Seele auf, das Licht in uns, unsere Lebensessenz.

Mein Herz öffnet sich weit, berührt von tiefem Mitgefühl für diesen Verzweifelten. Ich „weiß" sofort, woher oder von wem auch immer, dass es sich hier um eine Initiation handelt, die sich in der „Verkleidung" eines extremen Burn-out zeigt.

Ich nehme sofort meine Trommel in die Hand und bitte alle anwesenden Schüler und Kollegen, sich der Geistigen Welt zu öffnen mit der Absicht, mich bei der Reise für Eric zu unterstützen.

Und tatsächlich, meine und seine Helfer bringen sehr deutlich zum Ausdruck, dass sie Eric in Zukunft auf ihrer Seite brauchen. Da er ein hervorragender Geschäftsmann sei, solle er sich der Verbindung von Wirtschaft und Spiritualität zuwenden. Darin liege sein zukünftiger Heilsweg, für sich selbst und als Pionier in der Wirtschaft der Zukunft.

Seelenteile zeigen sich noch, ein Krafttier und sein Geistführer. Nachdem ich ihm alle Energien eingeblasen habe, und ihm von seinem Geistführer und vom Ergebnis der eindrucksvollen und spannenden Reise in die Anderswelt erzähle, ist er bereits viel ruhiger geworden, sein Licht leuchtet wieder hell in seinen ausdrucksvollen blauen Augen.

Eric ist sehr offen und interessiert am Schamanismus, möchte mehr darüber lernen.

Das trifft sich gut. Am nächsten Tag beginnt ein Basis-Seminar, gehalten von Aurel Mocanu, aber ich bitte Eric, erst einmal nach Hause zu gehen, zu schlafen und dann zu sehen, ob er sich morgen Abend bereits fit für eine Seminarteilnahme fühlt.

Aufrecht, sicheren Schrittes macht er sich auf den Weg nach Hause.

Meine anwesenden, auch psychotherapeutisch geschulten Freunde meinen, sie hätten sich diese Behandlung nicht zugetraut, sondern Eric ungern, aber mit diesem Problem selbst überfordert, in die Psychiatrie überwiesen.

Und tatsächlich, am nächsten Tag, nach durchschlafenen Nacht, nimmt Eric seinen Platz im

Basis-Seminar ein, erfährt erfolgreiche Reisen, auf denen er sein Krafttier, den Bären, trifft und findet seine spirituelle Heimat auf dem schamanischen Pfad, der ihn schon jetzt begeistert.

Ich fühle mich ihm so verbunden und bin so bewegt von seiner Wandlung, dass ich ihm spontan mein silbernes Bärenmedaillon umhänge, welches er nun fortan trägt. Tief in meinem Herzen weiß ich, dass mein Sohn Lorenz, der mir dieses wunderbare Geschenk ein paar Jahre zuvor machte, vollstes Verständnis für diesen magischen Moment hat.

Erics Frau Alina, mit der ich mich auch sofort seelenverwandt fühle, kommt am Wochenende vorbei. Ich bin froh, dass auch sie fließend Englisch spricht, denn sie erzählt, dass ihre dreijährige Tochter Maya nach der Reise für Eric plötzlich nachts im Bett zu ihr sagt: „Jetzt sind die Geister da", sich umdreht und ruhig schläft.

Für Alina ist der Schlaf vorbei, denn sie denkt erst einmal an „böse" Geister. Offenbar hat die kleine Maya bemerkt, wie nun die guten Geister wieder Einzug in die Familie halten. So kann ich Alina erst einmal beruhigen.

Sie und ihr Mann Eric laden mich ein, ihr neu gebautes Heim zu räuchern und einzuweihen.

Eric holt mich ab, und ich kann ihm auf der langen Fahrt sehr viele Fragen beantworten: Was hat es mit dem Schamanismus, der Spiritualität und der Geistigen Welt auf sich? Offensichtlich hat er sich viele Gedanken darüber gemacht und schon ein paar Bücher vorher darüber gelesen.

Wir sind eine kleine Truppe von erfahrenen Schamanischen Praktikern und Schülern, als wir das großzügige und sehr ästhetisch gestaltete Anwesen betreten, welches etwas erhöht über einem See liegt. Die süße dreijährige Maya beäugt uns aus der Ferne und schaut uns beim Trommeln, Rasseln und Singen zu. Wir alle sind einig, dass dieser Neubau gute Energien besitzt.

Nur der Wassergeist vom See meldet sich auf unserer geistigen Reise. Er klagt über das schmutzige Wasser. Ich frage ihn, was Eric und Alina für ihn tun können. Er bedankt sich für die Aufmerksamkeit und wünscht sich täglich ein Glas gesegnetes Wasser, damit die Energien sich wieder erhöhen.

Anschließend begegnen mir auf dieser Reise eine Gruppe von Jägern und Sammlern, die schon seit Urzeiten in einer Parallelwelt einen Trampelpfad zum Wasser hinunter nutzen, der jetzt durch die Ecke eines Hauses gestört ist.

Auch hier frage ich meine geistigen Helfer um Rat und Abhilfe. Es wird mir gezeigt, wie eine Reihe von weiß bemalten Steinen im Bogen um die Hausecke geführt wird, um sich weiter unten am Hang wieder mit dem alten Pfad zu verbinden.

Die Steine sollen in einem bewussten und liebevollen Akt von den Eigentümern des Hauses bestrichen und angeordnet werden, um den

Wesen aus der anderen Dimension einen neuen
energetischen Weg zu bahnen.

Wir sitzen noch eine Weile, plaudern bei Kaffee und Kuchen, als Maya fragt: „Wieso macht ihr immer die Augen zu?"

„Wir können dadurch unsere Krafttiere besser erträumen", erwidere ich ihr.

Darauf sie: „Ich muss meine Augen aber nicht zumachen, ich sehe mein Krafttier auch so!"

Selbst die Eltern sind völlig überrascht von ihrer Aussage. Sie hat vorher nie darüber gesprochen.

Ich frage sie direkt: „Und wie sieht dein Krafttier aus?"

„Es ist eine rosa Giraffe!"

Ich bestärke sie in ihrer Wahrnehmung und drücke mein Bedauern darüber aus, dass wir Erwachsenen zu blind sind, um mit offenen Augen zu sehen. Mir geht der Ausspruch von Jesus Christus durch den Kopf: „Wenn ihr nicht umkehrt und werdet wie kleine Kinder, so werdet ihr auf keinen Fall in das Königreich der Himmel eingehen!" (Matth.18:3)

Danke, Maya!

In der gleichen Woche kommt der brasilianische Schamanische Praktiker Carlos Sauer in Bukarest an, um am darauffolgenden Wochenende das Seminar „Befreiung von Besetzungen" zu geben. Da wir uns vor Jahren in einem Seminar von ihm kennen- und schätzenlernten, (ich dolmetschte für ihn), freut er sich sehr darüber, dass ich ihm zur Seite stehen kann. Es sind noch ein paar Tage hin, bevor das Seminar beginnt, und so behandelt er Klienten in Einzelsitzungen.

Da Carlos auch mit Paaren arbeitet, melden sich Eric und Alina spontan bei ihm an, um noch mehr wertvolle Hilfe und Führung aus der Geistigen Welt zu erhalten. Eric fühlt sich gestärkt und sieht viel lebendiger aus. Er kann endlich wieder schlafen, doch die Sorgen und Ängste sind noch nicht alle verschwunden. Zum Glück ist seine Frau Alina eine sehr positiv ausgerichtete Person und eine große Stütze und Stärke an seiner Seite. Beide sind also für eine Einzelsitzung angemeldet. Zusätzlich hat sich Eric für das Seminar bei Carlos Sauer eingetragen. Spontan, begeistert und konsequent verfolgt er den schamanischen Pfad.

In Bukarest ist Schneechaos ausgebrochen. Eric und Alina bahnen sich mühsam einen Weg bis zum Seminarhaus, wo ich mit meinen Gastgebern Cristina und Ilie wohne, die inzwischen wunderbare Freunde geworden sind. Auch die Einzelsitzungen mit Carlos Sauer sollen hier stattfinden. Aber, Carlos und Aurel Mocanu hängen irgendwo unterwegs in einem Taxi fest.

Und so spricht mich Alina an, sie habe gehört, dass ich afrikanische Kinder adoptiert habe, und einer von ihnen nun nach 33 Jahren seine Eltern in Afrika gefunden hat. Ich erzähle ihnen bei einem gemütlichen Frühstück, unter welchen Umständen mein Mann und ich die Kinder adoptierten, wie sie aufgewachsen sind, dass sie natürlich wissen wollten, wer ihre leiblichen Eltern sind, und dass wir es vor Kurzem endlich auch bei dem zweiten Sohn geschafft haben, sogar Mutter und Vater zu finden, obwohl er ein Findelkind ist. Alle seien wir darüber sehr glücklich, haben nun gründlich das Sparen angefangen und können es kaum erwarten, im August nach Swasiland zu fliegen. Alina und Eric hören aufmerksam zu und stellen immer wieder interessiert Fragen, was das Leben unserer Kinder betrifft. Ich spüre, dass das Schicksal der Jungen sie berührt.

Nach Riesenverspätung tauchen Carlos und Aurel aus den Schneemassen auf. Nach einer heißen Tasse Kaffee begeben sich Eric und Alina bei Carlos in Behandlung, die ihnen offensichtlich ganz guttut. Es wird viel gelacht und es sieht aus, als ob Carlos den beiden auch noch eine Last von den Schultern nehmen konnte.

Als sie sich verabschieden, sagt Eric zu mir: „ Alina und ich haben uns entschlossen, euch für Swasiland fünf Tickets zu schenken".

Mir bleibt kurz die Luft weg, bin wie vom Donner gerührt! Aber dann fasse ich mich, bedanke mich herzlich für ihr Ansinnen, bitte sie aber, doch erst einmal nach Hause zu gehen und zu warten, bis sich ihre sichtbare Euphorie gelegt hat.

Am Wochenende findet das erwähnte Seminar von Carlos statt: „Befreiung von Besetzungen". Eric ist mit von der Partie und geht erfolgreich mit diesem sehr fordernden Thema um. Er meistert es ohne Probleme.

Alina und Eric lassen sich auch jetzt nicht von ihrem

Vorhaben abbringen: Ich soll alle benötigten Daten aufschreiben und sie ihnen schicken. Die Tickets für die Reise nach Swasiland würden mir per E-Mail gesendet.

Hier ist es wieder.

Das Wunder:

Hilfe taucht plötzlich aus den unglaublichsten Ecken und in den unverhofftesten Momenten auf, wenn das Vertrauen in die Geistige Welt tief ist. Sie kreieren sogar ein Schneechaos, damit wir Zeit zum Plaudern haben!

Und aus dem Plaudern eine Möglichkeit wird.

Und aus der Möglichkeit eine Realität.

Und, was am schönsten ist, aus der Begegnung eine tiefe Freundschaft.

Wir wissen heute, dass wir die Reise zu fünft nach Swasiland niemals ohne die finanzielle Unterstützung dieser großzügigen und mitfühlenden Menschen geschafft hätten.

Ich weiß, die Geister werden es ihnen tausendfach vergelten.

EIN WAHRES MÄRCHEN

 Der kleine schwarze Bub liegt auf dem Rücken in einem Kinderbettchen, welches er sich mit einem Mädchen teilt. Sein kleines Gesicht besteht nur aus riesigen Augen, die mich mit dem Ausdruck eines alten Mannes fixieren. Er dreht sein Köpfchen zur Flasche, die mit einem viel zu großen, tropfenden Loch im Sauger in unerreichbarer Entfernung zu ihm liegt. Er rudert mit seinen dünnen Ärmchen und Beinchen, aber es bringt ihn keinen Zentimeter der rettenden Flasche näher. In seinen Knien, Fersen und Zehen zeigen sich Löcher, da, wo die Haut von seinem eigenen Durchfall zerfressen ist. Mit allergrößter Vorsicht nehme ich das kleine Bündel auf und gebe dem kleinen Menschenkind die Flasche, die es in gierigen Zügen leert. Es ist der 27. April 1977 im staatlichen Krankenhaus von Mbabane, der Hauptstadt von Swasiland.

So begegne ich unserem Sohn das erste Mal. Es ist, als hätte er nach uns gerufen. Zwei Tage später wäre es wohl zu spät gewesen. Mein Mann und ich sind jung verheiratet und, im Angesicht der Not entscheiden wir uns

Kinder zu adoptieren. Wir wissen, dass es hin und wieder Kinder gibt, die ausgesetzt oder in einem Heim untergebracht werden. Schon seit neun Monaten sind wir auf der Suche nach einem Kind. Nun halte ich es im Arm. Die Krankenschwester, die mich von vorausgegangenen Besuchen schon kennt, erzählt mir, dass der Kleine vor etwa drei Wochen vor dem Krankenhaus unter einem Baum gefunden wurde. Zusammen mit meinem Mann besuche ich den Kleinen wieder. Wir sind beide tief berührt von diesem kleinen Wesen.

Nach Tagen des Drängens übernimmt eine Ärztin die Verantwortung und entlässt das Bübchen als „gesundes männliches Baby" in unsere Obhut. Es ist der 4. Mai 1977. Mein Mann und ich tragen ihn sofort zu unserem Hausarzt, Dr. Stephens. Dieser schaut uns nur kopfschüttelnd an und macht uns darauf aufmerksam, dass dieses Kind völlig dehydriert ist, Amöbenruhr hat und in diesem Zustand höchstens noch zwei Tage überlebt hätte. Es könne immer noch in unseren Händen sterben. Da der Junge knapp über drei Kilogramm wiegt, also gerade mal Geburtsgewicht hat, schätzt Dr. Stephens sein Alter auf zwei Monate. Der gute Doktor gibt uns Antibiotika für den Kleinen mit und wünschte uns alles Gute! Von einem dänischen Ehepaar bekommen wir einen gepolsterten, mit rot-weiß kariertem Stoff überzogenen Bananenkarton. Das ist sein erstes Bettchen.

Einen Tag später muss ich den Doktor wieder anrufen, da Bernhard, wie wir ihn von Anfang an nennen, die Milch erbricht. Der Arzt meint, das Kind vertrage die fette

Milch nicht, ich solle sie verdünnen und dafür öfters füttern. Das hilft! Alle zwei Stunden füttere ich das Bündel, Tag und Nacht. Langsam erhöhe ich das Milchpulver auf die normale Menge. Die Wunden heilen zusehends, Bernhard erholt sich in unseren Händen sehr schnell. Bereits nach sechs Wochen ist er ein knuddeliges waches Baby.

Am 30. Mai, also im gleichen Monat, bekommt er schon ein Brüderchen! Unsere deutschen Freunde haben uns informiert, dass in einem Heim in der Nachbarstadt Manzini zwei Brüder zur Adoption freigegeben werden. Den achtzehn Monate alten Jack wollen sie zu sich nehmen. Das Brüderchen hieße Matthew und sei neun Monate alt. Gemeinsam fahren wir in das Enjabulweni Orphanage, dem Kinderheim in der Nachbarstadt Manzini. Mit der Leiterin dort haben wir schon oft gesprochen. Sie hat uns versichert, wir stünden als Erste auf ihrer Liste von Adoptionswilligen. Bernhard hängt in einem Beutel sicher und warm vor meiner Brust. Es ist gespenstisch still für ein Kinderheim, die Kinder halten alle ihren Mittagsschlaf.

Nur einer nicht – Matthew.

Im wahrsten Sinne des Wortes sitzt er mitten im Innenhof „mutterseelenallein" mit nacktem Hintern auf dem Betonfußboden. In der Mittagshitze trägt er nur ein rosa Hemdchen. Ein dichter Haarschopf schmückt seine Kopfmitte. Der Rest des Kopfes ist kahl – ein kleiner Mohikaner. Seine Ärmchen und Beinchen sind viel zu dünn, sein Bauch aufgedunsen, ein Zeichen für

Fehlernährung. In seinen wunderschönen dunklen Augen spiegelt sich seine verletzte Seele – und ihr Ausdruck berührt unser Herz. Mein Mann und ich wechseln nur einen Blick, und wir wissen, dieses kleine Kerlchen können wir unmöglich hier „sitzen lassen".

Jack, das Brüderchen, wird von der Angestellten geweckt, fertig angezogen und unseren Freunden übergeben. Beide Kinder sind ausgesprochen hübsche Knaben, die sich sehr ähneln. Es ist offensichtlich, dass sie eine Mischung aus schwarz und weiß sind. Wir bedauern sehr, dass die Brüder nun in getrennten Familien aufwachsen werden. Aber beide Parteien können nur jeweils ein zusätzliches Kind in der Familie verkraften. Die Angestellte will uns schon verabschieden. Sie hat nicht damit gerechnet, dass wir Matthew mitnehmen wollen, sieht sie doch unseren kleinen Bernhard vor meiner Brust. Nun zwängt sie unseren neuen Familienzuwachs in einen viel zu kleinen Strampler und übergibt uns das Kind.

Wir danken dem Schicksal noch heute, dass „Matthew" als einziges Kind nicht geschlafen hat!

Wir nennen den Kleinen „Matthias", da uns klar ist, dass die meisten Deutschen mit der Aussprache von „Matthew" ihre Schwierigkeiten haben würden. Matthias ist ein hellwaches Kind, ein aufmerksamer Beobachter. Die ersten Monate leidet er unter Hospitalismus. Er wirft sein Köpfchen im Bett hin und her bis er einschläft. Aber mit viel Aufmerksamkeit, Hingabe und Nähe verliert sich dieser psychische Stress, der auf eine längere Vernachlässigung im Heim schließen lässt. Seine weichen

Babylocken wachsen schnell am ganzen Kopf nach.

Monatelang isst er bis er erbricht. Er war sich wohl nie sicher gewesen, wann er seine nächste Mahlzeit bekommen würde. Nach einem halben Jahr legt sich diese große Angst. Er isst weiterhin mit Gusto, aber nie wieder zu viel.

Innerhalb eines Monats versorge ich nun zwei kleine Kinder. Die Anforderungen liegen zum größten Teil bei mir, da mein Mann den ganzen Tag außer Haus ist. Aber ich bin jung, voller Kraft, und die Liebe zu den Kindern fließt vom ersten Augenblick.

Kaum sind die Buben rundum gesund und erholt, kommt das Jugendamt von Mbabane und will uns Matthias wieder nehmen. Es ginge nicht an, dass wir zwei Kinder hätten und andere würden schon so lange auf ein Kind warten! Wir weigern uns entschieden. Beim nächsten Besuch teilen sie uns ihre Entscheidung mit, Bernhard einer einheimischen Schamanin zu geben, einer Sangoma, wie sie im südlichen Afrika heißt! Mir bleibt fast das Herz stehen. Wir können unmöglich eines der Kinder wieder hergeben, denn wir sind schon längst aufs Innigste mit ihnen verbunden!

Und dann zu einer Sangoma!

Nach allem, was ich im Land mitbekommen habe, leben die Sangomas noch im Mittelalter und wenden gruselige und unverständliche Praktiken an. Damals bin ich davon restlos überzeugt.

Wir beantragen sofort die Adoption, und die lässt nun auf sich warten. Für Matthias besitzen wir bereits die

Unterschrift der leiblichen Mutter über die Freigabe zur Adoption. Für Bernhard als Findelkind muss das Jugendamt einen Vertreter benennen, der ihn zur Adoption freigibt. Der Zweijahresvertrag meines Mannes läuft im September 1977 aus, und es ist uns klar, dass wir die Adoption der Kinder in dieser Frist nicht schaffen können. Also verlängert mein Mann den Vertrag um zwei Jahre. Die Projektleitung ist sehr erfreut über seine Verlängerung. Wir haben nun das Problem, dass uns nach zwei Jahren ein Heimaturlaub zusteht, wir aber keine Pässe für unsere noch nicht adoptierten Buben haben.

Durch wirklich menschliche und mitfühlende „Kanäle" werden den Buben Pässe ausgestellt.

Wir sind überglücklich. Jetzt können wir jederzeit mit den Kindern ausreisen und im Notfall eine Adoption von Deutschland aus erwirken. In den Pässen tragen die Kinder schon ihre deutschen Namen und das notgedrungen frei erfundene Geburtsdatum von Bernhard. Es vergehen noch einmal zwei Jahre in Swasiland, in denen keine Fortschritte in der Adoption gemacht werden. In diese Zeit fällt die Geburt unserer Tochter Lisa. Sie wird liebevoll von den großen Brüdern empfangen.

Das Jugendamt macht weiterhin keinerlei Anstalten, einen Vormund für Bernhard zu ernennen, was uns in große Sorge versetzt.

Zwei Wochen vor unserer Ausreise geschieht ein Wunder. Die damalige deutsche Staatssekretärin im Auswärtigen Amt, Dr. Hildegard Hamm-Brücher, kommt nach Swasiland auf Staatsbesuch. Alle ortsansässigen Deutschen werden zu einem Empfang eingeladen. Ich nutze die Gelegenheit, um ihr von unserem Dilemma zu berichten. Diese wunderbare, großartige Politikerin ist in ihrem Menschsein offensichtlich so berührt, dass sie verspricht, sich für uns einzusetzen.

„Wer ist der zuständige Minister?", fragt sie mich ohne Umschweife.

Ich nenne ihr den Namen und sie bestätigt sogleich, dass sie ihn schon morgen treffen werde. Und sie hält Wort. Eine Woche später hat Bernhard einen Vormund und wir einen Gerichtstermin. Mit großer Sorge begeben wir uns zur Vorladung. Die Anspannung in uns ist riesengroß, da wir nicht wissen, wie die Richter auf unseren besonderen Fall reagieren werden. Aber alle Beteiligten sind uns und den Kindern wohl gesonnen und es ist offensichtlich, dass es den beiden bei uns gut geht. Am darauffolgenden Freitag können wir die Geburtsurkunden und Adoptionspapiere in Empfang nehmen, und am Sonntag fliegen wir endgültig zurück nach Deutschland.

Das war knapp, wir schweben auf Wolke Sieben!

Als die Buben vier Jahre alt sind, wird die Adoption auch nach deutschem Recht anerkannt.

Matthias ist viereinhalb Jahre alt, als er das erste Mal nach seiner Herkunft fragt. Es kommt ganz überraschend auf einer Autofahrt: „Mama, wo komme ich her?"

Ich erkläre ihm, so ruhig und so gut ich kann, obwohl mein Herz bis zum Hals pocht, dass er in Afrika geboren wurde, in einem Land mit dem Namen Swasiland.

„Und wer ist meine Mama?" Seine leibliche Mutter sei eine arme Frau, die nicht genug Essen für ihn hatte und sich nicht um ihn kümmern konnte.

Schweigen.

Ich fühle förmlich die Gedanken und Gefühle, die sich in ihm zu ordnen versuchen. Matthias fragt nicht weiter. Dem kleinen klugen und wachsamen Kerlchen ist durch Gespräche in der Familie und im Dorf aufgefallen, dass er sich von seiner weißen Schwester Lisa, die noch in Swasiland zur Welt kam, und seinem schwarzen Bruder Bernhard unterscheidet. Die Akzeptanz unserer dunkelhäutigen Söhne in unseren Familien ist übrigens überwältigend. Auch in dem winzigen Dorf Boll im Schwarzwald, in dem wir die ersten Jahre nach unserer Rückkehr aus Afrika mit ihnen leben, fühlen sich beide Jungen angenommen und zu Hause.

Bernhard stellt die von uns lange erwartete Frage nach seiner Herkunft, als er sechs Jahre alt ist. Eines Tages steht er mit der Feststellung vor mir, für die er offensichtlich eine Bestätigung braucht: „Gell, Mama, ich komme aus deinem Bauch!"

Ich verneine. Muss. Ich erkläre ihm, dass er aus dem Bauch einer schwarzen Frau in Swasiland komme, die sich nicht um ihn kümmern konnte, Matthias aus dem Bauch einer anderen Frau und seine kleine Schwester Lisa aus meinem Bauch. Er fragt nicht nach, und mir bleibt nichts anders übrig, als ihn an mein Herz zu drücken und ihn meiner Liebe zu versichern.

Erst im folgenden Jahr wird die Herkunft wieder thematisiert. Wir ziehen mit den Kindern im Auftrag des Deutschen Entwicklungsdienstes für fünf Jahre nach Kamerun. Von den Einheimischen vor Ort werden wir immer wieder auf den Umstand der adoptierten schwarzen Kinder angesprochen – auch in Gegenwart der Kinder. Es ist uns ganz selbstverständlich, immer liebevoll und mit Mitgefühl über die leiblichen Mütter zu erzählen. Wie oft bekommen wir in Afrika mit, dass ein junges Mädchen die Schule verlassen muss, weil es schwanger ist. Wie oft erfahren wir, dass die traditionellen Strukturen in den afrikanischen Familien durch die Verstädterung in Auflösung begriffen sind, wo keine Tante, Oma oder eine große Schwester zur Verfügung steht, die sich um das junge Mädchen oder ein Kind ganz selbstverständlich kümmern würden.

Die Lebensgeschichte von Matthias' Mutter ist ein typisches Beispiel, welches uns die Dame vom Jugendamt in Swasiland näher bringt:

Matthias ist das neunte Kind einer unverheirateten Frau, die immer um das Überleben kämpfen musste. Als Frau allein, ohne Beruf und ohne Mann, ist sie ein Nichts und Niemand in dieser afrikanischen Gesellschaft. Die Mutter kann nur überleben, indem sie sich immer wieder mit einem Ernährer einlässt. Das geht manchmal monatelang gut, vielleicht auch ein Jahr, manchmal auch nicht. Oft verschwinden die Männer einfach wieder, wenn ein Kind unterwegs ist. So ist Matthias' Mutter gezwungen, ihre Kinder anderen Menschen und Heimen zu überlassen – aus himmelschreiender Not. Es gibt ein Gesetz in Swasiland, welches einer Frau nach zehn Kindern die Sterilisation erlaubt, es sei denn, ein männlicher Verwandter erteilt ihr vorher die Erlaubnis dafür!

Da wir im Besitz von Matthias' originaler Geburtsurkunde sind, kennen wir von Anfang an den Namen seiner Mutter, sind ihr aber nie begegnet.

Lange Jahre ist es überhaupt kein Thema, die Mütter der Söhne ausfindig machen zu wollen. Die Jungs zeigen in jungen Jahren keinerlei Interesse daran.

Als sie Mitte Zwanzig sind, wächst langsam das Interesse der Söhne nach ihren Wurzeln. Immer öfters steht die Frage im Raum: „Wer bin ich? Woher komme ich? Lebt meine Mutter noch? Habe ich möglicherweise noch Geschwister?"

Uns scheint es ein hoffnungsloses Unterfangen zu sein, von Deutschland aus – ohne Kontakte vor Ort – etwas unternehmen zu können. Und Reisen nach Swasiland können wir uns einfach nicht leisten.

Aber da gibt es noch unsere liebe Freundin Phatsekile Fakudze aus Swasiland!

Während unseres vierjährigen Aufenthaltes in Mbabane, der Hauptstadt von Swasiland, lernen wir uns kennen. Sie heiratet einen deutschen Entwicklungshelfer, Karlheinz, und wir sind eingeladen zur traditionellen Hochzeitsfeier im Kraal, dem bäuerlichen Kleinanwesen ihrer Eltern. Wir vertreten die „offiziellen" Verwandten des Bräutigams, die nicht dabei sein können. Sie lernt unsere Kinder kennen, mein Mann wird Taufpate ihres ersten Sohnes. Die freundschaftliche Verbindung hält bis heute.

Im Jahr 2006 telefoniere ich mit ihr und erwähne das Interesse der Söhne, mehr über ihre biologischen Familien zu erfahren. Ich nenne den Namen von Matthias' Mutter, und spüre förmlich, wie es im Gedächtnis unserer Freundin anfängt zu rattern. „Moment mal!", ruft sie aus, „ich melde mich Morgen wieder bei dir", und legt auf.

Lange muss ich auf das versprochene Telefongespräch nicht warten. Völlig aufgeregt erzählt sie mir am Telefon, dass sie Matthias' Mutter gefunden habe – und, „glaube es oder nicht! Ich bin mit seiner ältesten Schwester Dzelisa jahrelang in eine Klasse gegangen und mit ihr bis heute befreundet!"

Atemlos erzählt sie mir ihre Geschichte: Dzelisa ist das erste Kind von Matthias' Mutter. Der Vater, ein Sohn von König Sobhuza II, hatte die damals sechzehnjährige Mutter nicht zu seiner Frau gemacht. Lebhaft kann ich mir vorstellen, wie schwierig die Situation für die alleinerziehende junge Mutter ist. Damals ist es noch eine Schande, so wie bei uns, vor der Hochzeit schwanger zu werden. Dzelisa, die Tochter, wird aber im Königskraal, wo der König mit seinen vielen Frauen lebt, erzogen und ist heute eine bekannte Prinzessin im Lande. Mit nur drei Telefonaten findet unsere Freundin Phatsekile nun den Aufenthaltsort der Mutter heraus. Außerdem schickt sie mir per E-Mail ein Bild von der damals 12 jährigen Prinzessin Dzelisa aus einem Bildband über Swasiland. Die Ähnlichkeit mit ihrem Bruder Matthias ist umwerfend!

Wir schenken ihm das Bild seiner Schwester, und er stellt es in seinem Wohnzimmer auf.

Wesentlich später und nach langem Zögern nimmt Matthias die Möglichkeit wahr, mit seiner Mutter am Telefon zu sprechen.

Die Enttäuschung hinterher steht ihm ins Gesicht geschrieben. Sie erinnert sich weder an sein Alter noch an seinen Geburtstag! Meine hilfreiche Freundin Phatsekile macht uns klar, dass die Mutter wahrscheinlich während des Telefonats unter Schock geriet: All die Jahre hatte sie noch nicht einmal gewusst, ob ihr Kind überhaupt noch lebt.

Und nun kommt aus heiterem Himmel ein Anruf aus Deutschland, der genau dies behauptet! In Swasiland ist es außerdem nicht Sitte, Geburtstage zu feiern und kaum einer wisse genau, wann er geboren sei. Ein weiterer Bruder mit Namen Terry schreibt uns einen lieben Brief und legt ein Bild bei. Auch hier ist die Ähnlichkeit mit Matthias verblüffend. Terry ist hocherfreut, über seinen „neuen" Bruder zu erfahren. Ich halte den Kontakt zu Mutter, Schwester und Bruder aufrecht, vor allem über unsere Freundin Phatsekile. Die Spuren zurück zur Ursprungsfamilie sind für Matthias hoffnungsvoll gelegt.

Aber was ist mit Bernhard?

Als Findelkind, welches vor einem Krankenhaus in Afrika ausgesetzt wurde, stehen die Chancen gleich null, jemals die eigene biologische Familie wieder zu finden oder kennenzulernen.

Als mir meine Ahnen und ihre Wichtigkeit für mein Leben immer bewusster werden, fange ich an, den Ahnen unserer Söhne für ihr Leben zu danken.

Meine Freundin Thea Fokken-Vauday ist eine wunderbare Bildhauerin. Sie schenkt mir eine weibliche Statue mit üppigen Formen, etwa 30 Zentimeter hoch, aus grünem Stein. An ihrer Seite graviert sie liebevoll mein Krafttier, die Bärin, ein. Dieser wunderschönen Statue hänge ich eines Tages eine landestypische Perlenkette aus Swasiland um. Eine Lederschnur mit Kaurimuscheln, die für Fruchtbarkeit stehen, ergänzt den Schmuck.

Von nun an repräsentiert bei uns Zuhause diese Statue die Ahnen unserer Adoptivsöhne. Davor platziere ich eine Kerze. Etwa drei Jahre lang zünde ich immer wieder eine Kerze an, jedes Mal den Ahnen meiner Söhne für ihr Leben dankend.

Und schon kommt Bewegung in den Prozess des Suchens.

Phatsekile, die inzwischen seit vielen Jahren in Deutschland lebt, ist auf Heimatbesuch in Swasiland. Sie geht zum Jugendamt und erbittet Auskunft über Bernhard. Das Jugendamt lässt sie wissen, dass sich nie jemand nach ihm erkundigt habe. Falls die Mutter sich melden sollte, würde sie sofort verhaftet! Ende der Suche?

Am letzten Tag ihres Aufenthaltes lernt Phatsekile eine

deutsche Journalistin kennen. Sie zeigt großes Interesse an der Geschichte der Muttersuche.

Sie lässt mir in Deutschland ausrichten, ich solle einen Artikel mit allen bekannten Fakten über Bernhard verfassen. Sie würde sich für die Veröffentlichung einsetzen und ihre persönliche Handynummer für einen eventuellen Kontakt zur Verfügung stellen.

Ich schreibe einen bewegenden Brief: „An die unbekannte Mutter". Zwei Bilder lege ich bei: das erste Bild von Bernhard als Baby, und Bernhard wie er heute nach dreißig Jahren aussieht.

Die arme Journalistin wird förmlich überschwemmt mit Anrufen!

Von großem Mitgefühl, über Segenswünsche für uns, bis hin zu einem Anruf: „Ich bin der Zwillingsbruder. Schickt mir ein Ticket!", ist alles dabei. Aber keine Mutter, die ihren Sohn vermisst. Die Journalistin gibt völlig überfordert auf.

Ich zünde weiter meine Kerze an und spreche immer wieder mit den Ahnen der Söhne, die Hoffnung auf eine Begegnung niemals aufgebend.

Im Dezember 2009 besucht Phatsekile wieder ihre lieben Verwandten in Swasiland. Wieder geht sie zur Zeitung und bittet, einen weiteren Artikel über die Suche von Bernhard nach seiner Mutter zu veröffentlichen.

Dieses Mal gibt sie unsere Adresse in Deutschland an und fordert einen DNA Test ein für eventuell sich meldende Verwandte.

Bereits an Silvester kommt ein Brief, ein einziger, von einer „Royal Residence", einem königlichen Anwesen. Darin gibt sich die Mutter zu erkennen, Bernhards Mutter! Der Brief ist liebevoll geschrieben von einem Halbbruder mit Namen Sandile. Ein Bild liegt bei von Bernhards leiblichen Eltern, der Vater in einem Nadelstreifenanzug, die Mutter im traditionellen bunten Kostüm. Ihr Gesicht ist nur im Profil zu sehen. Wir halten den Atem an und wagen kaum, Ähnlichkeiten in die Gesichter hinein zu interpretieren. Und doch!? Der Vater sitzt da, ganz entspannt, mit gefalteten Händen im Schoß. So kennen wir auch Bernhard: Er ist der Einzige mit einem Nadelstreifenanzug in der Familie, und seine Hände ruhen oft gefaltet in seinem Schoß.

Bernhard bemüht sich aufrichtig, sich nicht zu früh zu freuen, aus Angst vor der Enttäuschung.

Aber je mehr Bilder bei uns ankommen, auch von den vierzehn Halbgeschwistern, und je mehr wir die Geschichte von „Queen", so heißt seine Mutter, analysieren, desto sicherer werden wir, dass es wirklich die richtige Familie ist.

Queen ist neunundvierzig Jahre alt, aus der angesehenen Swasi-Familie Ngwenya, was Krokodil bedeutet. Sie ist sechzehn Jahre alt, als sie von Bernhards Vater ein Kind erwartet. Ihr Vater wirft sie aus dem Haus, weil sie unverheiratet schwanger wird. In ihrer Not geht sie zu ihrer Tante, wo sie bis zur Geburt des Kindes wohnt. Sie erleidet eine Schwangerschaftspsychose: Sie sieht Geister – überall. Sie versucht ständig, schreiend davon zu laufen.

Als Bernhard geboren wird, überlässt sie das Kind der Tante und geht in die Psychiatrie. Als Queen nach Monaten entlassen wird, ist ihr Kind weg! Sie hat großes Glück, dass der Kindsvater sie nun doch heiratet.

Aber der verlorene Bernhard bleibt ihr einziges Kind!

Was das für eine Afrikanerin bedeutet, können wir im Westen kaum nachempfinden. Den Frauen in Afrika wird fast nur über den Kindersegen ein Wert beigemessen.

Bernhards Vater ist Chief Magagula (Häuptling) in einem Distrikt in Swasiland. Jeder seiner drei Frauen hat er ein kleines bäuerliches Anwesen eingerichtet. Chief kann nur werden, dessen Mutter eine Prinzessin ist. Chief Magagula ist Parlamentarier und versieht gleichzeitig die Aufgabe eines Beraters des Königs. König Mswati III übt immer noch die absolute Macht in dem kleinen Land aus. Die Strukturen sind noch sehr feudal. Das Volk ist bitterarm und hält den unrühmlichen Rekord der höchsten HIV/AIDS Rate der Welt.

Chief Magagula wohnt in und verwaltet eine der „Residenzen", welche der König über das ganze Land verstreut bewohnen kann.

Das sind keine großartigen Gebäude in unserem Sinne, sondern etwas großzügigere traditionelle Hütten mit Vieh und Felder dabei.

Oft scherzen mein Mann und ich, dass durch Bernhards Adern womöglich königliches Blut fließt. Über diese Nachrichten aus seinem Geburtsland staunt nicht nur er selbst, sondern die ganze Familie.

Wir entscheiden spontan, im August 2010 nach Swasiland zu fliegen: Unsere „Swasi-Kinder" Bernhard und Lisa und wir Eltern träumen davon, gemeinsam auf den Spuren der Vergangenheit zu wandeln. Nur Matthias träumt nicht mit. Er ist noch nicht bereit für eine Begegnung mit seiner Ursprungsfamilie. Er bleibt bewusst in Deutschland zurück.

Wie wir die Reise übrigens bezahlen sollen, steht noch in den Sternen. Ich vertraue, wie immer, auf meine Verbündeten in der Geistigen Welt.

„Mutter Queen" ruft nun ab und zu ungeduldig wartend bei uns an. „Wann kommt ihr?", ist die am häufigsten gestellte Frage. Ihr Englisch ist sehr limitiert, und unsere Kenntnisse der einheimischen Sprache Siswati begrenzen sich auf die Begrüßungsformeln.

Unsere Freundin Phatsekile ist unsere unermüdliche Dolmetscherin. Sie fügt viele Puzzle-Stücke zu der Herkunftsgeschichte Bernhards zusammen. Mein Mann und ich beschließen, dass sie unbedingt mitfahren soll. Wir würden sie sicherlich noch sehr brauchen vor Ort. Mit Begeisterung und voller Enthusiasmus stellt sie sich gerne zur Verfügung.

Nur von Chief Magagula, Bernhards Vater, hören wir nichts. Wir wissen nicht, ob er seinen Sohn anerkennen wird oder nicht. Anderseits könnte Queen uns nicht einladen, wenn er dagegen wäre.

Während der langen Zeit bis August wird mir immer bewusster, mit welcher Inbrunst ich diesen Tag der

Wiedervereinigung mit Kind und Mutter herbeisehne. Mir wird klar, dass ich über die Jahre im Unterbewusstsein ein Schuldgefühl hege gegenüber den leiblichen Müttern unserer Söhne. Nun tritt dieses Schuldgefühl ans Tageslicht. In mir wächst das starke Verlangen, den Müttern ihre Kinder zurückzugeben, den Kreis zu schließen. Ich tröste mich mit der Erkenntnis: „Ihr habt sie geboren, wir haben ihnen das Leben geschenkt!"

Ohne die Fäden des Schicksals würden wahrscheinlich beide Kinder nicht mehr leben.

Bereits im März des Jahres beschenkt uns ein großzügiges rumänisches Ehepaar mit fünf Tickets von Frankfurt nach Johannesburg (Südafrika) als Dank für eine Heilung.

Unsere Dankbarkeit dem Himmel gegenüber ist unendlich!

Für mich ist dieses unglaubliche Geschenk ein Zeichen aus der Geistigen Welt, dass Segen auf diesem Ausflug zu den Wurzeln der Kinder liegt.

Das Abenteuer „Swasiland" entfaltet sich vor uns von einer Möglichkeit zur Tatsache. Alle sind wir aufgeregt wie die Hühner.

Wie würden sich die Mütter „anfühlen"? Sind sie offen, umgänglich, herzlich? Wie wird sich „Vater Magagula" gegenüber seinem „verlorenen Sohn" verhalten? Wie reagiert die übrige Verwandtschaft?

Nach einunddreißig Jahren betreten wir wieder Swasi - Boden. Bereits an der Grenze werden wir von Phatsekiles

Familie begrüßt. Da wir bei Dunkelheit in Mbabane, der Hauptstadt Swasilands ankommen, übernachten wir in einem gemütlichen Gästehaus, welches nur noch für diese Nacht Zimmer frei hat.

Am Morgen begeben wir uns in die Stadt. Phatsekile ruft ihre Freundin an, Matthias' Schwester Dzelisa. Sie weiß von unserem Kommen und hat angeboten, für Unterkunft zu sorgen. Mehrmals hatte ich E-Mail Kontakt zu ihr und freue mich sehr auf diese Begegnung.

Und siehe da: Dzelisa befindet sich keine fünfzig Meter von uns entfernt. Lachend kommt sie auf uns zu, klein, rundlich, offen. Wir umarmen sie alle von Herzen und haben Tränen der Rührung in den Augen. So sehr wünschte ich mir jetzt Matthias herbei.

Dzelisa macht uns klar, dass jedes Bett in Swasiland ausgebucht sei, da gleichzeitig drei große Veranstaltungen im Lande stattfinden: der traditionelle Reed Dance, wo jedes Jahr 60 000 Jungfrauen für die Königin-Mutter Schilf schneiden, um für deren Kraal einen neuen Schilfzaun zu bauen, eine Handelsmesse und ein Treffen von Staatsmännern aus ganz Afrika. Dzelisa lädt uns deshalb ein, drei von uns in ihrem Haus in Lobamba, im Herzen Swasilands, unterzubringen. Mein Mann, Bernhard und ich nehmen das großzügige Angebot mit Freuden an. Phatsekile wird bei ihrer Schwester in unmittelbarer Nähe wohnen und Lisa dort beherbergen.

Dzelisa lässt uns wissen, dass die Mutter gerade bei ihr sei. Damit haben wir nicht gerechnet. Ich weiß aus dem E-Mail Kontakt mit Dzelisa, dass sie ein sehr schwieriges

Verhältnis zu ihrer Mutter hat. Sie sehen sich nur selten. Die Mutter wohnt ansonsten in einer schon etwas besseren Zweiraumhütte im Slum von Manzini.

Bei Ankunft in Dzelisas Haus steht mir nun die zweiundsiebzigjährige Mutter unseres Kindes Matthias gegenüber: Größer und jünger aussehend, als ich erwartet hatte und immer noch attraktiv. Wir begrüßen uns herzlich und lachen zusammen. Sie überhäuft uns mit Segenswünschen.

„Praise the Lord!", ist von nun ab der meistgehörte Ausruf, nicht nur von Mary, Matthias' Mutter, sondern von allen Verwandten und Bekannten, die die Geschichte der Adoptionen hören.

Für die meisten Afrikaner, vor allem im von Apartheid-geprägten südlichen Afrika, ist es bis heute nur schwer zu begreifen, dass weiße Eltern schwarze Kinder adoptieren, so tief ist der Graben zwischen den Rassen.

Jeden Tag kocht Mary für uns leckeres, einheimisches Essen. Sie lässt es sich nicht nehmen, unsere Betten zu machen und das Bad zu putzen. Widerstand ist zwecklos. Ich spüre ihre Unsicherheit und ihr Schuldgefühl. Sie drückt so ihre Dankbarkeit dafür aus, dass wir ihr Kind mit Liebe zu uns genommen haben und es dadurch ein gutes Leben genießt, ein Leben, welches sie ihrem neunten Kind nicht hätte bieten können. Wir unternehmen alles, um sie unsere Achtung vor ihr und ihrem harten Leben und unsere Zuneigung spüren zu lassen.

Nun senden wir Nachricht über unseren Aufenthaltsort

an Bernhards Mutter, wo wir uns aufhalten. Sofort taucht ein Onkel Bernhards väterlicherseits auf. Er arbeitet ganz in der Nähe in der Bar eines edlen Restaurants.

Onkel Beki ist zehn Jahre jünger als sein „deutscher" Neffe! Er will gar nicht aufhören, Bernhards Hand zu schütteln und zu halten, so tief ist seine Freude. Er ist die Vorhut, die Queen und Chief Magagula von ihrem Sohn und uns berichten wird.

Am nächsten Tag gegen Mittag fährt Bernhards Mutter mit einigen Verwandten vor. Wir sitzen draußen im kühlen Schatten eines Baumes. Schüchtern schreitet sie mit gesenktem Kopf auf ihr einziges Kind zu, die Verwandten hinter ihr. Sie trägt ein schwarzes Kostüm mit Nadelstreifen, ihre beste Kleidung. Die Spannung ist zum Zerreißen. Die zehn Meter zwischen uns dehnen sich unheimlich aus. Mit beiden Händen hält sie sich verkrampft an ihrer Handtasche fest. Bernhard steht wie angenagelt und schaut ihr entgegen.

Ich fühle mit Queen und nehme Bernhard bei der Hand, gehe die letzten Schritte mit ihm auf sie zu und umarme sie beide kurz. Nachdem ich mich zurückgezogen habe, brechen aus der Mutter tiefe Schluchzer und lautes Weinen hervor. Bernhard laufen ebenfalls die Tränen. Kein Auge der Anwesenden bleibt trocken. Bernhard hält seine Mutter fest im Arm. Sie reicht ihm gerade bis an die Schultern. Plötzlich sackt sie ohnmächtig in seinen Armen zusammen. Viele Hände helfen, um die von Emotionen und Gefühlen überwältigte Frau sanft auf die Erde zu betten. Ich laufe los und besorge aus meiner Reiseapotheke Notfalltropfen und Aconitum. Beides flöße ich Queen ein, die noch völlig „weggetreten" ist. Bernhard hält sich an seiner Schwester Lisa fest und versucht, sich zu beruhigen. Nach einigen bangen Minuten kommt Queen wieder zu sich.

Später erzählt mir Queen, dass sie einige Jahre nach dem Verlust ihres Kindes nur einmal von ihm geträumt hatte. Sie nahm in als etwa Dreijährigen wahr, und so trug sie ihn all die Jahre in ihrem Herzen. Als sie sich dem erwachsenen Mann gegenüber sah, einen Kopf größer als sie selbst – war das einfach zu viel für sie.

Wir setzen uns im Kreis mit allen Anwesenden hin, reichen Getränke und tauschen Geschenke und Begrüßungen aus.

Mithilfe von Phatsekiles einfühlsamen Übersetzungen können wir uns bei Queen aufs Herzlichste bedanken. Ihr Sohn habe uns über all die Jahre Freude bereitet, sei ein einfühlsamer und liebenswürdiger Mensch geworden. Die Unterhaltung wird immer entspannter und fröhlicher, je weiter der Tag voran schreitet. Ein Onkel, eine Schwester, ein Halbbruder von Bernhard stellen sich ein.

Am Nachmittag gesellt sich auch noch Terry dazu, Matthias' älterer Bruder. Er kommt mit seiner Frau und drei Kindern und überrascht uns mehr denn je mit seiner auffallenden Ähnlichkeit mit Matthias. Sein jüngster Sohn, gerade sechs Monate alt, sieht seinem Onkel Matthias so sehr ähnlich, mir verschlägt es fast die Sprache! Mit ihm auf dem Schoss fühle ich mich schlagartig zurückversetzt in die Zeit, als ich mit 23 Jahren den neun Monate alten Matthias versorgte.

Das Umarmen und die Freudentränen wollen gar kein Ende nehmen.

Handynummern werden ausgetauscht, Einladungen ausgesprochen, und Queen fällt der Abschied am Abend furchtbar schwer. Sie hat unser Versprechen, übermorgen zu Besuch zu kommen. Am Abend fallen wir müde aber glücklich in unsere Betten. „Praise the Lord!"

Am übernächsten Morgen machen wir Fünf uns mit einem Mietwagen wie versprochen auf den Weg zu Queens Kraal. Es soll nur ein Tagesausflug werden, damit wir die Gegebenheiten vor Ort für einen längeren Aufenthalt besser einschätzen können. Eine gute Stunde Weges liegt vor uns. Das Straßennetz in Swasiland hat sich wunderbarerweise in den letzten dreißig Jahren von hauptsächlich Staubpisten in Teerstraßen verwandelt. Bis auf die Kühe, die unvermittelt die Straßen kreuzen, erreichen wir den Kraal ohne Hindernisse.

Der Bauernhof liegt auf einem Hügel, ein Stück Piste von der Hauptstraße entfernt. Das ganze Anwesen ist eingezäunt. Ziegen, Schafe, Hühner und eine Herde Rinder gehören zum Gehöft. Die Trockenzeit hat sichtbare Spuren hinterlassen. Die Vegetation ist braun, Staub liegt über der Savanne in der warmen Luft.

Das recht moderne, aber einfache Haupthaus liegt zentral, umgeben von ein paar einzelnen Hütten. Ein aus Schilfgras geflochtener Zaun verbirgt eine große traditionelle Swasi-Hütte, die aus dem gleichen Material gefertigt ist und zeremoniellen Zwecken vorbehalten bleibt. Von der Form gleicht sie am meisten einem Bienenkorb (bee-hive hut).

Wir werden schon sehnlichst erwartet und freudig willkommen geheißen. Queen zeigt uns ihr Haus und fragt uns schüchtern, ob wir uns vorstellen könnten, ein paar Tage bei ihr zu bleiben. Wir sind sehr erfreut über die Einladung und nehmen sie gerne an. Queen erzieht mehrere Kinder ihrer Nebenfrauen, alles Buben, Halbbrüder von Bernhard. Aus jeder Hütte und jeder Ecke des Anwesens strömen Menschen herbei. Hinzu kommen weibliche und männliche Verwandte, die im Haus und auf dem Feld helfen. Die Jungs beäugen vor allem Bernhard, aber der Bann ist bald gebrochen, als der einen Fußball auspackt und sie alle im Hof zu kicken anfangen. Bernhard verliert, wie wir, bald den Überblick: Wer ist Bruder, Cousin, väterlicherseits, mütterlicherseits? Es ist ein Kommen und Gehen.

Ich überreiche Queen den ersten Haarschnitt von Bernhard. Sie ist überrascht, ruft aus, woher ich dieses Ritual kenne? Bei ihnen hütet die Großmutter traditionell alle Haare der Enkelkinder, und dieser wird sie die Haare übergeben.

(Am Morgen unserer Abreise nach Swasiland „fällt" mir noch im Erwachen „ein", den ersten Haarschnitt der Buben ihren Müttern mitzunehmen. Es war eine typische „Ahnung", wie ich sie, dank der Ahnen, oft erlebe.)

Lisa bemerkt es als Erste: Queen gibt ab und zu ein saugendes Geräusch aus ihrer Kehle – wie Bernhard es schon seit Babyzeiten im Schlaf von sich gibt! Außerdem hat Queen die gleiche Pigmentstörung auf der Unterlippe wie ihr Sohn.

Wir sind uns alle einig: ein DNA Test erübrigt sich hier.

Bernhards „Großmutter" väterlicherseits wird mit einem Auto vorgefahren. Sie ist so alt wie sein Vater – 72 Jahre! Sie ist die jüngste von einigen Ehefrauen von Bernhards Großvater, also nicht seine leibliche Großmutter, aber nun die Clan-Mutter.

Mit ihr zusammen kriechen wir alle durch die niedrige Öffnung der Zeremonialhütte. Das schon bekannte „Praise the Lord" wird hier oft ausgerufen!

Die Großmutter, neben Bernhard sitzend, fordert ihn auf, seine Socken auszuziehen. Sie betrachtet seine Füße eingehend und vergleicht sie ausgiebig mit Queens Füßen, die rechts von Bernhard sitzt. Patsekhile erklärt uns, dass bei jedem Neugeborenen die Füße eingehend geprüft werden, denn diese zeigen am deutlichsten und unverkennbar die Verwandtschaft an. Die Großmutter scheint zufrieden zu sein, denn wir erkennen nach einigem Hin- und Her-Deuten auf der anderen Seite der dunklen Hütte das Leuchten ihrer Zähne.

„Praise the Lord!"

„Ja", bete ich von Herzen mit, „preiset den Herrn!"

Die Großmutter bittet nun die Ahnen, Bernhard und uns als neue Familienmitglieder zu schützen und zu stärken. Auch mein Dank steigt zum Himmel auf, weiß ich doch, was wir seinen Ahnen zu verdanken haben.

Von Bernhards Vater ist weiterhin nichts zu hören und zu sehen. Wir verstehen gut, dass er immer noch beim König ist, da dieser zur Zeit so viele Staatsgäste empfängt.

Wir fahren am Abend zurück nach Lobamba, in unser Quartier, wo Mary, Matthias' Mutter, mit einem Topf voll Essen auf uns wartet. Wo soll das noch hin, nachdem sich bei Queen bereits der Tisch unter üppigen Gerichten bog?

Wir packen um und bereiten uns auf einen Aufenthalt „im Busch" bei Queen vor. Drei Tage wollen wir ihre Gastfreundschaft genießen, da wir noch unbedingt Südafrika und dem Indischen Ozean einen Besuch abstatten wollen, unweit Swasilands Grenze.

Es sind Tage der Entspannung, der heiteren Annäherung, der Herzlichkeit – und des Essens!

Wir dürfen erfahren, dass Queen als absolute Autorität im Hause gilt. Keines der Kinder erhebt je die Stimme gegen sie oder mault über eine ihm übertragene Arbeit. Es muss Wasser ins Haus getragen werden, der Hof wird jeden Tag geschweift – kein Ziegenknöttel ist zu finden, der „Make" (Siswati für Mutter) wird alles in die Küche getragen, und dort wird ihr zur Hand gegangen.

Endlich kommt der Tag, als Chief Magagula, Bernhards Vater, von seinen Pflichten beim König entbunden, von seinem Fahrer ins Gehöft chauffiert wird. Er steigt aus und läuft schwer auf Krücken gestützt ins Haus.

Wir wissen von seiner Diabetes und dass seine Füße und Beine bis zu den Knien geschwollen sind. Er lässt sich schwer auf seinen Sessel fallen und begrüßt uns freundlich. Ich habe ihm Medizin aus Deutschland mitgebracht, über die wir nun sprechen. Seine Frau geht vor ihm in die Knie und überreicht ihm ehrerbietig den Tee. Alle Kinder sind verschwunden. Er entschuldigt sich für sein langes Fernbleiben, aber wir versichern ihm unser vollstes Verständnis.

Er erhebt sich wieder schwer aus seinem Sessel und betont, dass er nun aber seinen Sohn begrüßen wolle. Bernhard steht auf, beide Männer schauen sich in die Augen, nehmen sich bei den Händen, und der Vater heißt seinen Sohn offiziell willkommen in der Familie. Sie umarmen sich kurz.

Bernhard schluckt schwer. Der Vater stützt sich auf seine Krücken, geht hinaus auf die Veranda und spricht in den prächtigen afrikanischen Sternenhimmel hinein zu seinen Ahnen. Er bittet sie, Bernhard und uns in Zukunft als Familienmitglieder zu betrachten und uns als die Ihrigen zu beschützen.

Diese Geste berührt uns alle sehr, denn nun wissen wir, dass auch der Vater seinen „verlorenen Sohn" anerkennt.

Sich auf seine Krücken stützend geht „Magagula", wie ihn alle ehrfürchtig bei seinem Nachnamen nennen, am nächsten Tag zum Kuhgehege, gefolgt von allen Anwesenden.

Uns wird erklärt, dass nun eine Kuh mit einem Speer vom Zeremonienmeister rituell getötet wird, um ein

Ritual für Bernhard durchzuführen.

Queen und ich folgen dieser Prozession in einigem Abstand. Allein mit mir flüstert sie mir zu: „Es ist noch ein Geheimnis, aber diese Herde gehört dem Bernhard!" Ich bin tief beeindruckt über diese Mitteilung, weiß ich doch, wie viel eine Kuhherde den Einheimischen bedeutet.

Queen hat es sich auch nicht nehmen lassen, für ihren einzigen Sohn eine eigene Hütte bauen zu lassen. Sie hat einen Durchmesser von etwa fünf Metern, massiv aus Hohlblocksteinen gebaut, durch die vier Fenster und einer Glastür fällt viel Licht herein. Ein wunderschönes Strohdach hält sie im Sommer kühl und im Winter warm, denn es kann empfindlich kalt werden. Der Fußboden ist ein glatter Estrich, in grüner Farbe gehalten. Wir sind sprachlos über Bernhards eigenes Zuhause auf dem Gelände seiner Mutter! Es ist ein deutliches Zeichen, dass die Mutter sich ihren verlorenen Sohn nach so langen Jahren des Getrenntseins in die Nähe wünscht.

Im Kuhgehege geht es unruhig zu, bis Chief Magagula die passende Kuh aus der Herde auswählt und der Mann mit dem Speer ihrem Leben ein Ende setzt. Alle Anwesenden gehen dabei in die Knie, um den Tiergeist für sein Opfer zu ehren.

Queen und ich wohnen der Schlachtung nicht bei, sondern schlendern wieder allein zum Haus zurück. Auf dem Rückweg vertraut sie mir flüsternd noch eine Neuigkeit an: „Es ist noch ein Geheimnis, aber Bernhard wird der nächste Chief!"

Sie strahlt glücklich und zufrieden.

Mein Herz macht einen Satz. Ich verstehe ihre Freude, die ich ihr nicht nehmen will.

Aber wie soll ein junger Deutscher, der Sprache seiner Ursprungsfamilie nicht mächtig, mit ihrer Kultur nicht vertraut, jemals Häuptling eines indigenen Stammes werden? Gleichzeitig begreife ich, wie sehr sie es sich wünscht, dass Bernhard ihr Leben in Zukunft mehr teilt. Ihre Zukunft sähe mit ihm als Häuptling rosiger aus.

Phatsekile weiß, dass Bernhard als Nachfolger von Chief Magagula in ein Zentralregister beim König eingetragen werden muss, als designierter Nachfolger. Das sei, nach ihrer Information, noch nicht geschehen. Aber es sei Sitte, immer den Jungen zum Häuptling zu wählen, der von der gleichen Ehefrau keinen weiteren Bruder hat.

Möge Gott geben, dass Bernhard seiner leiblichen Mutter ein guter Sohn sein kann, ohne die Pflichten eines lokalen Häuptlings übernehmen zu müssen.

Das Fleisch der Kuh ist geteilt und in einer speziellen Hütte aufgehängt. Wir kommen wieder zusammen und sitzen gemeinsam im Wohnzimmer.

Der Zeremonienmeister bittet Bernhard, seine Hosenbeine bis zu den Knien und seine Ärmel bis zu den Ellenbogen hoch zu krempeln. In seiner Hand hält er die Galle der geschlachteten Kuh.

Bernhard öffnet auf seine weitere Anweisung hin seinen Mund und streckt die Zunge heraus. Ein Tropfen Gallenflüssigkeit wird auf seine Zunge, sowie je drei

Tropfen auf Unterschenkel und Unterarme getropft.

Bernhard verzieht keine Miene.

Der Zeremonienmeister entfernt nun das Bindehautgewebe von der Gallenblase und streift es über Bernhards rechte Hand. Es baumelt wie ein Elfenbeinarmreif an seinem Handgelenk, wo es in nächster Zeit verbleiben soll, bis es trocken und hart ist!

Alle klatschen vergnügt und begeistert.

Durch dieses Ritual ist die Anerkennung des „verlorenen Sohnes" besiegelt.

Chief Magagula gibt zum Besten: Als er mit zweiunddreißig Jahren als neuer Chief eingesetzt wurde, trug er von allen neunundzwanzig geschlachteten Kühen die Gewebsringe der Gallenblase am rechten Arm, den er nicht mehr beugen konnte. Um dem Gestank zu entgehen, streckte er ihn immer weit von sich, den Kopf in die andere Richtung wendend. Heute sei das alles nicht mehr so streng. Er erlaubt Bernhard, den Ring über Nacht auszuziehen. Er gibt ihm den Tipp, ihn über einen Flaschenhals zu stülpen, damit er nicht die Form verliert.

In der extrem trockenen und warmen Luft riecht der animalische Armreif nicht einmal mehr unangenehm am nächsten Tag, sodass Bernhard ihn stolz alle Tage trägt.

Bernhard informiert uns schon vor der Abreise nach Swasiland, dass er auf dem Grundstück seiner Mutter irgendetwas von sich vergraben möchte: ein Hemd, ein Schuh, ein paar Haare. Es ist ihm ein Bedürfnis, sich dort rituell zu verwurzeln.

Nun ist es vollbracht, auf die uralte Weise seiner indigenen Ahnen!

Mein Mann, Lisa und ich verabschieden uns für drei Tage nach Südafrika. Bernhard will im Kraal bei seiner Mutter und seiner wieder gefundenen Familie bleiben.

Er erzählt uns später, dass seine Mutter und sein Vater ungezwungener miteinander umgehen, wenn kein Fremder da ist. Er kann sich gut mit seinem Vater auf Englisch verständigen. Seine Mutter umhegt und pflegt ihn, glücklich ihr einziges Kind wieder zu haben. Im sozialen Gefüge der Einheimischen steht die Benachteiligte nun in hohem Ansehen.

An einem Nachmittag unternehmen wir einen Ausflug zum Kraal von Queens Mutter, Gogo (Großmutter auf Siswati) Mabuza. Sie lebt noch sehr traditionell, umgeben von Verwandten, einigen Hütten und Kleinvieh. Als wir den Bruder von Queen begrüßen, der auch im Kraal lebt, löst sich unser letzter Zweifel über die Verwandtschaft zwischen Queen und Bernhard auf. Die Ähnlichkeit zwischen seinem Onkel und ihm fällt deutlich ins Auge. Wir werden freudig begrüßt und ein gekochtes Hühnchen wartet schon auf uns. Gogo Mabuza ist noch sehr rüstig. Geschäftig läuft sie hin und her, so als müsse sie ihr Zuhause für uns umkrempeln. Wir sitzen im Schatten einer großen Akazie. Die Papayas sind gerade reif und wir bekommen Unmengen dieser süßen und saftigen Früchte serviert.

Gogo Mabuza bittet uns in die kühle Zeremonialhütte, die völlig leer ist.

Dort setzen sich Bernhard mit Mutter und Großmutter mit dem Gesicht dicht an die Wand und kehren uns den Rücken zu. In dieser Position sprechen sie mit den Ahnen, und auch Gogo Mabuza bittet um Schutz und Führung für ihren wieder gefundenen Enkelsohn und uns bis sie sicher ist, dass die Ahnen alles verstanden haben. Gemeinsam gehen wir wieder in den heißen Hof hinaus zu unserem etwas kühleren schattigen Plätzchen unter der Akazie. Gogo Mabuza und Bernhards Onkel gehen zielstrebig in das Ziegengehege und suchen eine Ziege zum Schlachten aus. Als wir ihr Vorhaben erkennen, müssen wir lebhaft auf sie einreden, damit sie das Messer wieder weglegen. Unsere Bäuche sind prall voll mit Hühnchen und Papaya. Wir können beim besten Willen nichts mehr essen. Gogo Mabuza wünscht beharrlich, dass für Bernhard die „Gallezeremonie" bei ihr im Hof mit einer Ziege vollzogen wird und somit auch hier der Bund der Verwandtschaft besiegelt ist. Mit Mühe schaffen wir es, sie auf das nächste Mal zu vertrösten, wenn Bernhard wieder zu Besuch kommt. Damit gibt sich die alte Dame denn auch zufrieden. Als wir das Gehöft der Großmutter verlassen, fahren wir auf halsbrecherischen Holperstrecken mit der Familie zum Friedhof. Wir werden zum Grab des Großvaters geführt, der vor einigen Jahren gestorben ist. Bernhard, Queen und Gogo Mabuza knien sich an das Kopfende des völlig zubetonierten Grabes. Queen reicht Bernhard einen kleinen Stein, den er dort vergräbt.

Nach der herzlichen Verabschiedung schaffen wir es gerade noch rechtzeitig, vor Dunkelheit nach Hause zurückzukehren.

Phatsekile weiß zu berichten, dass bei jeder Beerdigung die Frauen kleine Steine zu einem Haufen zusammen tragen, die später von den Trauernden ins Grab geworfen werden. Den wilden Tieren wird es so erschwert, den Leichnam wieder frei zu scharren. Heute hilft man sich zusätzlich mit einer Schicht Beton, obwohl es kaum noch wilde Tiere gibt. Wer bei der Beerdigung nicht anwesend sein konnte, der vergräbt im Nachhinein symbolisch einen Stein.

Für mich ist auch dies eine wichtige Gelegenheit, dem Großvater und den Ahnen der Familie Ngwenya für unseren Sohn und sein Heimkommen zu danken und mich ihres Schutzes und ihrer Kraft zu vergewissern.

Der Abschied von der Familie Magagula fällt uns allen schwer. Wir können nicht einmal damit trösten, dass wir bald wieder kommen werden, denn das wissen wir nicht.

Schon bei der Umarmung weint Queen herzzerreißend. Ihr ganzer Körper bebt. Ihre Cousine hält sie im Arm und gibt uns zu verstehen, dass wir beruhigt gehen können. Sie ist für die Trauernde da. Auch der Vater wünscht, dass wir bald wieder kommen. Nichts lieber als das. Wir alle sind tief betrübt und schweigsam auf dem Weg zu Dzelisa nach Lobamba.

Später hören wir von Phatsekile, dass der Vater sehr beeindruckt war von Bernhards und Lisas Benehmen.

Wir können stolze Eltern sein!

Jeden Morgen erkundigte sich Bernhard nach dem Gesundheitszustand seines Vaters. Er ging zu ihm ins Schlafzimmer und Chief Magagula zeigte ihm sein schmerzendes geschwollenes Knie, welches ihn nicht schlafen ließ.

„Bernhard legte vorsichtig seine Hand darauf und sprach mir sein Mitgefühl aus", erzählte der Vater tief bewegt. (Ob er so etwas für uns Selbstverständliches nie von seinen Kindern erlebt hat?)

Wir sind froh, dass wir noch Zeit haben, auch Terry, Matthias' Bruder in dessen Häuschen zu besuchen. In den kleinen Räumen herrscht Gemütlichkeit und eine auffallende Ordnung. Seine Frau kocht Hühnchen für uns und die drei Buben toben lachend miteinander herum. Hier ist Oma Mary häufig zu Gast und Babysitter, da Terry und seine Frau arbeiten müssen. Wir sind froh, erfahren zu dürfen, dass die alte Mutter versorgt ist. Sie bedankt sich noch tausendmal bei uns für unsere „Liebestat" und für all das, was wir ihr zukommen ließen während unseres Aufenthaltes.

Dzelisas Gastfreundschaft empfinden wir alle als besonders großherzig. Von ihr dürfen wir am meisten hoffen, dass sie uns in Deutschland besuchen kommt.

Aber, vielleicht verkauft Queen eines Tages eine Kuh aus „Bernhards Herde" und tauscht es gegen ein Flugticket nach Deutschland ein...?

Solche Wunder soll es auch geben!

„Praise the Lord!"

DAS MÄRCHEN VON
DER UNKE

„Es war einmal ein klei-
nes Kind, dem gab seine
Mutter jeden Nachmittag
ein Schüsselchen mit Milch
und Weckbrocken, und das
Kind setzte sich damit hinaus in den Hof. Wenn es
aber anfing zu essen, so
kam die Hausunke aus einer Mauerritze hervor-
gekrochen, senkte ihr Köpfchen in die Milch und
aß mit. Das Kind hatte seine Freude daran, und
wenn es mit seinem Schüsselchen da saß und die
Unke kam nicht gleich herbei, so rief es ihr zu:

„Unke, Unke, komm geschwind,
komm herbei, du kleines Ding,
sollst dein Bröckchen haben,
an der Milch dich laben.“

Da kam die Unke gelaufen und ließ es sich gut
schmecken. Sie zeigte sich auch dankbar, denn
sie brachte dem Kind aus ihrem heimlichen
Schatz allerlei schöne Dinge, glänzende Steine,

Perlen und goldene Spielsachen. Die Unke trank aber nur Milch und ließ die Brocken liegen. Da nahm das Kind einmal sein Löffelchen, schlug ihr damit sanft auf den Kopf und sagte: „Ding, iss auch Brocken."

Die Mutter, die in der Küche stand, hörte, dass das Kind mit jemand sprach, und als sie sah, dass es mit seinem Löffelchen nach einer Unke schlug, so lief sie mit einem Scheit Holz heraus und tötete das gute Tier.

Von der Zeit ging eine Veränderung mit dem Kinde vor. Es war, solange die Unke mit ihm gegessen hatte, groß und stark geworden, jetzt aber verlor es seine schönen roten Backen und magerte ab. Nicht lange, so fing in der Nacht der Totenvogel an zu schreien, und das Rotkehlchen sammelte Zweiglein und Blätter zu einem Totenkranz, und bald hernach lag das Kind auf der Bahre."[14]

Ich kann nicht mehr sagen, wann das Märchen von der Unke in meiner Kinderwelt aufgetaucht ist, aber ich muss noch im Kindergarten gewesen sein. Dieses ungewöhnliche Märchen von den Gebrüdern Grimm hat mich damals zutiefst aufgewühlt.

Ich liebe auch andere Märchen, zum Beispiel Sterntaler

---

[14] Grimm, Brüder. Kinder- und Hausmärchen Vollständige Ausgabe. 19. Auflage, Artemis & Winkler Verlag; Patmos Verlag, 1999

oder Frau Holle. Aber kein Märchen ist mir so im Gewebe hängengeblieben, wie das Märchen von der Unke. Ich konnte mir diesen Umstand in späteren Jahren nie erklären.

Erst vor Kurzem fiel mir das Märchen wieder ein, und ich wusste augenblicklich, warum es mich so berührt.

Ich verstehe es heute so, dass das kleine Kind die Menschheit in ihrer Frühzeit darstellt, als sie noch mit ihrer wahren göttlichen Natur und der Geistigen Welt im Einklang steht, als wir noch mit unserem göttlichen Geist, hier in Form der Unke, unmittelbar kommunizierten, so wie viele kleine Kinder diesen mystischen Zugang noch heute erfahren.

Die Unke verkörpert unsere wahre Natur, den individualisierte Ausdruck des Geistes, der uns mit seiner Fülle und seinen Schätzen erfreut. Er gibt uns mehr – die goldenen Spielsachen, Perlen, glänzende Steine – als wir ihm, denn die „Milch und die Bröckchen" sind ja auch seine Gaben. Der Tötungsakt der Mutter im Märchen deutet auf das große Missverständnis hin, dass wir diese intime Verbindung mit unserer wahren Natur nicht bräuchten. Als der Geist unserer Göttlichkeit stirbt, fangen auch wir an zu sterben.

Das mystische Erleben und die Rückeroberung der Fähigkeit, mit dem Geist unserer wahren Natur im Einklang zu sein, ist die wohl wesentlichste Aufgabe für uns als Menschheit. Die mystische Bewusstseinsreise hilft uns dabei.

Karl Rahner (+1984), Jesuit und anerkannter deutscher Theologe sagte einmal:

„Der Christ der Zukunft wird ein Mystiker sein, einer der etwas erfahren hat, oder er wird nicht mehr sein."

Ich sage:

„Der MENSCH der Zukunft wird ein Mystiker sein, einer der etwas erfahren hat, oder er wird nicht mehr sein!"

Für mich hat der Baum des Lebens in Wahrheit seine Wurzeln im Himmel, in der Geistigen Welt, so wie es der afrikanische Baobab symbolisiert. Wenn unser Geist wieder tiefe Wurzeln im himmlischen Grund geschlagen hat, wächst er sehr rasch, fast augenblicklich. So verwurzelt, können Geist und Seele noch auf vielen Gebieten wachsen, unser Bewusstsein sich erweitern. Auf diesem Pfad helfen mir meine Verbündeten in der Geistigen Welt. Sie beschleunigen das Wurzelwachstum für mich als Suchende und Findende, und *be-Geister-n* dabei noch als Nebenwirkung meinen Alltag, sodass dieser zum ALL-Tag wird. Es gibt viele Wege zurück in die Einheit, die mystische, schamanische Weise ist nur einer davon. Aber ich glaube, er ist der direkteste Weg, der Weg zur unmittelbaren Offenbarung.

Wir dürfen uns eines bewusst machen: Wir müssen

nichts tun, um besser zu werden, wir müssen nur wissen, dass wir besser sind! Ich sage immer auf Englisch zu meinen Verbündeten – weil es sich so schön reimt:

„I do my best, you do the rest!"

Zum Jahresanfang von 2007 mache ich eine Reise zu meinen Verbündeten im Kreis meiner kraftvollen und geliebten „Schamanenweiber". Jeder reist mit der Absicht, eine Vision für das neue Jahr zu bekommen. Ich frage Bärin, was ich denn in mir noch heilen müsse. Die Antwort kommt prompt: „Das Einzige, was du noch in dir heilen musst, ist der Gedanke, dass du nicht heil bist!" Es klingt wie das „Amen" in der Kirche!

So klar, so einfach und doch so schwer, es bewusst umzusetzen!

Aber, der Fokus ist darauf gerichtet und damit beginnt schon die Transformation. Lernwillig wie ich bin, stelle ich mich immer wieder in den Dienst des All – Einen.

„Hier bin ich, führe mich da hin, wo Du mich am meisten brauchst!"

Ich staune immer wieder aufs Neue, wohin das Leben mich trägt, welche Herausforderungen mir neue Erkenntnisse schenken.

Ich werde nie aufhören, hinter den Horizont zu schauen. Oh, mein Gott! Da gibt es noch so viel zu entdecken!

Vielleicht treffen wir uns eines schönen Tages am Weltenbaum! Ich erwarte dich dort mit Freuden.

LOBPREIS

In tiefer Dankbarkeit und Liebe dem ICH BIN. Hierzu fehlen mir die passenden Worte.

Mein Herz hüpft vor Freude in mir, wenn ich an Euch, meine Krafttiere, Geistführer und Kraftpflanzen denke. Ich könnte viele Namen nennen von Wesenheiten, die mich schon lange oder aber auch zeitweise begleitet haben oder begleiten. Für mich ist es der Christusgeist in mir, in vielen seiner Ausprägungen oder Erscheinungsformen. Was Ihr mir geschenkt habt auf meinem Weg sind Wissen und Weisheit, Glück und Freude. Seit ich um Eure Anwesenheit weiß, ist jeder Tag spannend, begeisternd und von Vertrauen getragen. Euch zu Ehren schreibe ich dieses Buch.

In Liebe und Respekt verneige ich mich vor Euch, meine Ahnen, die meinen Boden aufs Beste bereitet haben. Eure Unterstützung und Liebe zu mir ist fühlbar und sichtbar. Dazu gehörst auch du, liebe Mutter, die du mir mit deiner Frömmigkeit den Weg zur Spiritualität gewiesen hast. Es gibt keinen Menschen, den ich kenne, der in tieferer Demut und Einfachheit lebte als du, Vater. Du hast mich gelehrt, das anzunehmen, was ist. Die Synthese von euch beiden ist für mich Auftrag, spirituelles Erbe. Es ist die Spirituelle Demut, die ich versuche bewusst zu leben.

Meinem Mann Heinz. Was musstest Du mit mir aushalten, 38 Jahre! Widdergeist, Reiselust, Spontaneität, seltsame geistige Wege und Entwicklungen, die manchmal ängstigen können.

Du hast nie den Versuch unternommen, mich zurückzuhalten. Du hast mir die Freiheit gegeben, an Deiner Seite das zu sein, was ich bin. Du hast mich bei jedem Schritt auf meinem Weg ganz und gar unterstützt. Ich liebe Dich.

Meinen fünf Kindern. Wie peinlich, eine Schamanische Praktikerin als Mutter! In Eurem Lebenslauf stand dann auch immer: Hausfrau, oder Dolmetscherin. In Eurem Umfeld gab es das nicht vor zweiundzwanzig Jahren. Erst langsam konntet ihr Euch an diese Lebensform von mir nicht nur gewöhnen, sondern sie achten und annehmen, auch für Euch selbst. Oft habe ich gefehlt zu Hause, weil ich wieder einmal unterwegs war in Sachen Schamanismus. Ihr habt es ohne Murren mitgetragen. Ihr habt mir durch Euer Sosein Türen zu einer befreienden Denkweise geöffnet, die ich ohne Euch nicht gefunden hätte. Ihr habt mich zu meinen tiefsten Tiefen und Verzweiflung geführt, hinter denen ich das Licht fand. Ich liebe Euch. Bedingungslos.

Von Herzen danke ich meinem Bruder Josef Hoffart für all seine Mühe und seinen Einsatz, um Licht nicht nur in das Leben unseres Großonkels Rafael zu bringen, sondern durch die langjährige Recherche und das Schreiben der Familienchronik in das Leben all unserer Ahnen, sieben Generationen zurück

Paul Uccusic († 2013) Dank für Deinen Pioniergeist und deinen Mut, das schamanische Wissen, gespeist von Michael Harner, zurückzubringen in unsere trostlose, entgeisterte Welt. Damals galtest Du sicher als ehrbarer Journalist, der verrückt geworden ist. Ich danke Dir für Deine Verrücktheit, die es mir leicht machte, mit der schamanischen Welt in Kontakt zu treten. Du hast die Tür für mich geöffnet, die mir eine Rückbindung an mein wahres Zuhause ermöglichte.

Wie oft saß ich im großen Kreis und lauschte meinen Lehrern Sandra Ingerman und Carlo Zumstein, mich ihrer Führung und Weisheit anvertrauend. Nicht ein einziges Mal bin ich enttäuscht worden. Im Gegenteil, ich wurde jedes Mal mit wunderbaren Geschenken in Form von tiefen Erfahrungen und Initiationen bedacht. Ihr habt mich an Eurer Seite von der Schülerin zur Kollegin heranreifen lassen. Auf Eurer Arbeit liegt großer Segen. Meine tiefe Verehrung! Ich liebe Euch.

Meinen Nachfahren. Ich erwarte nichts von Euch. Ihr dürft so sein, wie Ihr seid und ich liebe Euch dafür. Und doch würde es mich freudig berühren, wenn ich den Boden für Euch bereiten konnte, sodass Ihr in ein noch höheres Bewusstsein hineingeboren werdet konntet, als ich zu meiner Erdenzeit je erreicht habe.

So helft auch mir, indem Ihr mein spirituelles Erbe annehmt und das transformiert, wozu ich, trotz aller meiner Erkenntnisse, noch nicht in der Lage war.

Meiner treuen Schamanengruppe. Einmal im Monat treffen wir uns an Vollmond. Heilsitzungen für einander, Philosophieren über Gott und die Welt, Reisen in die Nicht-Alltägliche Wirklichkeit, Teilen von Freud und Leid, Feuergeist, Energie bewegen. Auch durch Euch kam immer wieder der Ansporn für meine spirituelle Evolution.

Meinen Klienten und Seminarteilnehmern. Mit all Euren Herausforderungen wart Ihr mir immer auch Spiegel meiner Seele. Durch Eure Anwesenheit und Euer Suchen wurde ich immer wieder an meine spirituelle Suche erinnert und mein Finden darin beschleunigt.

Palmina Minici. Dir ist dieses Buch zu verdanken. Du und Deine liebe Freundin Gabriele Hasselquist kamen zu einem Basisseminar mit der Absicht: „Sofort abzuhauen, falls irgendetwas sektenmäßig laufen sollte!" Ihr seid mit Begeisterung geblieben. Du träumtest auf dem Seminar in der Nacht, dass ich ein Buch geschrieben hätte. Der Titel lautete auf Englisch: „The Circle". Ich fand das eher amüsant, ein kosmischer Tritt in den Hintern vielleicht, nahm Deine Traumvision aber durchaus ernst. Du und Gabriele erinnerten mich immer wieder daran, und ich trug es oft in Gedanken und im Herzen, aber ich fühlte auch, dass die Zeit nicht reif war. 2009 war ich bei Dir zu Besuch. Dein Espresso hielt mich bis drei Uhr nachts wach. Er erwies sich als zweiter kosmischer Tritt in den Hintern. Im Bett wach liegend, fiel mir das Buch durch den Kopf in mein Herz in die Hände, mit Titel und Kapiteln. „Bärenblut" war geboren.

Meinem „Puttenengel": Fünf Tage, nachdem ich mit dem Schreiben dieses Buches angefangen hatte, erwachte ich von einem Traum:

Ich spüre Druck auf meiner Blase, was nachts völlig ungewöhnlich für mich ist. In der Phase zwischen Traum und Erwachen nehme ich ein Wesen vor mir wahr, welches ich am besten als Puttenengel beschreiben kann. Im Erkennen liegt sofort der Gedanke: „Ein Engel!"

Er hält mir etwas direkt vor den Mund, und ich werde gewahr, dass er dabei ist, mich zu füttern. Was er in seiner kleinen Hand hält, bedeckt den ganzen Handteller. Ich habe so etwas noch nie gesehen. Die Form und die Farbe kommen einem Honigtropfen am nächsten, ich denke aber: „Eine Zelle"!

Sie scheint nur aus einer dünnen, honigfarbenen Haut zu bestehen, die mit Flüssigkeit gefüllt ist. An der oberen Seite ist sie eingefallen, hat eine Delle, als wäre die Membran nicht ganz prall gefüllt. Der Engelknabe wartet geduldig darauf, dass ich endlich meinen Mund öffne.

Ich kommuniziere ihm: „Ach ja, meine Ration „kluger Worte", und schlucke den Tropfen.

Und schon tappe ich im Dunkeln zur Toilette. Erst als ich da sitze, überfällt mich die Bedeutung des Erlebten. Es ist, als würde ich nachts genährt mit „klugen Worten", damit ich tagsüber besser schreiben kann! Mir kommt der Gedanke, dass der „arme Kerl" mir wahrscheinlich schon die ganzen Nächte „kluge Worte" füttern muss, damit tagsüber etwas Sinnvolles dabei heraus kommt. Ich lache Tränen der Rührung und das morgens um fünf Uhr! Danke, mein geduldiger Puttenengel.

Meiner Lektorin Rita Binder. So wie mit meinen Geistern für das Buchprojekt ausgehandelt, bist Du bei mir in einem Basis-Seminar erschienen. Deine Begeisterung für meine „gesammelten Werke" und Erfahrungen und Deine Ausdauer haben mir immer wieder den Mut gegeben, nicht aufzugeben.

Deine konstruktive Kritik war für mich immer leicht einsichtig und klar. Danke für den letzten Schliff, den Du meinen Worten verliehen hast.

Jetzt darf das Buch der Geister hinaus ins Licht der Welt.

Welchen Verlag sie mir wohl schicken?

NACHTRAG ZU BÄRENBLUT

„Jetzt darf das Buch der Geister hinaus in
die Welt.
Welchen Verlag sie mir wohl schicken?"

Diese letzten Worte in meinem Manuskript sind im tiefen Vertrauen geschrieben. Niemand will mir glauben, dass ich mich nicht um einen Verlag bemühen muss.

Ich hatte nicht vor, „Klinken zu putzen."

Ich vergesse jenen Sonntag nie, als ich am frühen Morgen meine E-Mails noch ansehe, bevor ich das Haus verlasse.

Und da ist sie, die lang ersehnte Botschaft von meiner Tochter Lisa, mit folgendem Betreff: „Finiiiiiiiished!"

Sie hat mit großer Hingabe und Geduld in jedes Kapitel meines Buches ein Bild eingefügt, teilweise von ihr selbst fotografierte Gegenstände aus meiner schamanischen Sammlung. Und das von ihr wunderbar gestaltete Titelbild des Buches, eine Fotografie eines schamanischen Scherenschnittes des Otomi-Volkes aus meinem Besitz, auf dem ich nun zum ersten Mal meinen Namen lese und die Worte: „Bärenblut – Von der Mystik des Alltags, Vorwort von Sandra Ingerman".

Ja, tatsächlich, ein fix und fertiges Manuskript lacht mir da entgegen, und ich lache Tränen der Freude und Dankbarkeit.

Schon am Tage zuvor besuche ich einen wunderbaren Workshop in Freiamt, keinen Kilometer von meiner Wohnung entfernt, geleitet von Ulrike Dietmann und Michael Weiß: „Die

Weisheit der Alten Seele", in dem mit Pferden als Spiegel der Seele gearbeitet wird.

An diesem Sonntag geht der Workshop in seinen zweiten Tag. In der Pause finde ich eine Möglichkeit, mich mit Ulrike Dietmann angeregt zu unterhalten. Sie erzählt mir, ganz nebenbei, dass sie schon Bücher geschrieben und veröffentlicht hat.

> *„... Und ich habe einen Verlag gegründet, mit Namen „Spiritbooks". In diesem Verlag möchte ich nur Bücher veröffentlichen, die „Spirit" haben und ihn auch ausstrahlen".*
>
> *Sie schaut mich an und spricht weiter: „... falls Du mal etwas schreibst, ich veröffentliche es gerne."*

Mein Herz überschlägt sich.

Von Anfang bis Ende werde ich durch dieses mir unmöglich scheinende Projekt geführt: Der „Einfall" von Titel, Untertitel und Kapiteln mitten in der Nacht, das liebevolle nächtliche Füttern von „klugen Worten", die Lektorin, die in mein Basisseminar hereinmarschiert, kaum dass das Manuskript fertiggestellt ist, das Angebot von Sandra Ingerman, mir ein Vorwort zu schreiben, und der Verlag „spiritbooks", der so unmittelbar in mein Leben tritt, als ich die fertige Komposition in Händen halte.

Und als meine Zweifel über das Unterfangen in der Endphase zu laut werden, da führen mich meine Geisthelfer in einem Traum in Sandra Ingermans Haus:

Ich bitte sie um Hilfe. Ihre Wände sind mit Pflanzen-bildern gepflastert. Sie lädt mich ein, durch das Haus zu gehen und mich von einer Pflanze rufen zu lassen. In der Zwischenzeit spaziert sie sehr wach durch einen Wald, Hände, Herz und Augen weit offen für die Botschaften der Natur.

Ich wandere durch ihr Wohnzimmer. Auf dem Sofa entdecke ich ein schlafendes, etwa zweijähri-ges Mädchen, Sandras Tochter. Auf der Kante des Sofas liegt schützend deren Vater, auch schlafend. Ich schleiche mich ganz leise vorbei und betrachte die Bilder weiter. Auf der Gästetoilette werde ich „ge-funden", von der Lobelia. Sandra kommt zurück ins Haus, und hält ihre nun wache Tochter im Arm.

Die Kleine schaut mich liebevoll an und plappert in gebrochenem Deutsch: „Du haben gut gemacht!"

Ich necke Sandra, weil ihre Tochter Deutsch spricht, sie selbst aber nicht.

Als ich erwache, kann ich nur über diesen Traum staunen: Ich war noch nie bei Sandra in Santa Fe, New Mexico, Sandra hat keine Kinder – und ich kenne keine Lobelia!

Meine Neugier treibt mich, sofort in einem Homöopathie-buch[15] nachzuschauen.

---

[15] Die psychologische Bedeutung homöopathischer Arzneien, Band II, von Antonie Peppler

Und tatsächlich, ich finde etwas über die *Lobelia inflata*. Dick und fett steht dort geschrieben: „Misstraut seinen Fähigkeiten"!

Ich bestelle sofort eine 1000er Potenz und schlucke die erträumten Kügelchen.

Ich bedanke mich von Herzen bei Sandra, die erneut einen weiteren Schritt zu meiner Heilung beigetragen hat, dieses Mal in einem lebendigen Traum.

Der lebendige Fluss trägt mich nun weiter, und „Bärenblut", das Kind meiner Geister, endet in der Veröffentlichung im Verlag spiritbooks.

LINKS

Sandra Ingerman, wunderbare Lehrerin, gibt Seminare über Schamanismus auf der ganzen Welt, Bestseller-Autorin, Heilerin, Visionärin
www.shamanicvisions.com/ingerman.html

Dr. Carlo Zumstein, mein humorvoller und großartige Lehrer, Schamanischer Praktiker aus der Zentralschweiz, enge Zusammenarbeit mit Sandra Ingerman, Autor, Gründer der TAOB (The Art of Bridging)
www.taob.eu/foundation/

Tatyana Kobezhikova, kraftvolle, erfahrene, und liebenswerte Schamanin aus der Republik Chakassien (Sibirien)
http://kobezhikova.ru/eng/index.shtml
(bei Interesse begleite ich dich gerne dort hin)

Aurel Mocanu, Pionier des Schamanismus und Familienstellens in Rumänien, sehr geschätzter schamanischer Kollege, Psychotherapeut und Freund
www.aurelmocanu.ro

Hotel Razvan, Bukarest, sehr guter Service, angenehme Atmosphäre,
liebenswerte, schamanisch interessierte Chefin Luminita
www.hotelrazvan.com

Lisa Gramlich, großartige Fotografin (nicht nur meine Erfahrung!)
www.fotograefin-lisa.de

Anja Hoffart und Michael Weiß, mehr als „Pferdeflüsterer"
www.horsemotions.com

Thea Fokken-Vauday, Freundin und Bildhauerin meiner Ahnenfigur (Ein wahres Märchen) und dem Paar von Cernavoda (Rumänien, Land meiner Ahnen)
www.theafokkenvauday.de

Carlos Sauer, Experte für Depossession (Befreiung von Besetzungen), Schamane und Heiler, liebenswerter Kollege
www.carlossauer.net

Corinna Ditscheid, freie Redakteurin, Autorin und Übersetzerin, hat mein Manuskript „Bärenblut" professionell und einfühlsam ins Englische übersetzt
www.corinnaditscheid.net

DIE AUTORIN

1994 vernahm Barbara Gramlich den Ruf der Geister durch eine einschneidende spirituelle Erfahrung. Es folgte eine mehrjährige Aus- und Weiterbildung durch die Foundation for Shamanic Studies und seine Lehrbeauftragten Dr. Carlo Zumstein, Sandra Ingerman und Paul Uccusic.

Sie arbeitete mit einer Schamanin in Simbabwe/Afrika und einer Schamanin in Chakassien/Sibirien und ist Lehrerin für Core-Schamanismus, autorisiert durch Sandra Ingerman. Seit 1996 bietet sie Einzelsitzungen in eigener Praxis als Schamanische Praktikerin an zu folgenden Anliegen: Befreiung von Besetzung, Extraktion, Bewusst machen der Verbindung zum geistigen Führer (Engelwesen, Heilige, Spirituelle Lehrer) und zu Krafttier, Kraftpflanze und/oder Kraftstein, Übertragung der Kraft, Sterbebegleitung über den Tod hinaus, Seelenbegleitung, Seelenrückholung, Finden des Lebensauftrages, Spirituelle Beratung, Rituale und Zeremonien (Hochzeit, Taufe).

Seit 1998 leitet Barbara Gramlich eine schamanische Gruppe und Seminare in Deutschland, Frankreich und Rumänien. Die Autorin ist Mutter von 5 Kindern und lebt in der Nähe von Freiburg.

Ulrike Dietmann

LIEBEN UND FREI SEIN

Die Zukunft unserer Beziehungen wird eine Liebe sein, die echt und frei ist von gesellschaftlichen Zwängen. Wir werden lernen zu sehen und zu fühlen, wer wir sind und wer der andere ist und wir werden uns berühren können, ohne uns zu verletzen, zu kontrollieren und zu lähmen.

www.spiritbooks.de

Ulrike Dietmann

Das gebrochene Herz

Autobiografie

Für all meine Brüder und Schwestern, deren Herz gebrochen wurde ...
Holt euch eure Power zurück.

www.spiritbooks.de

Ulrike Dietmann

Reise in die innere Wildnis

In der Natur ist alles einer steten Verwandlung unterworfen. In diesem Buch lernst du, dich mit der Intelligenz der Natur durch dein Leben zu bewegen. Wenn du die Aufgaben bestanden hast, wirst du eine andere, ein anderer sein.

www.spiritbooks.de

www.spiritbooks.de

Bücher, die authentisch sind und Spirit haben.

Die Bücher des Verlags erhalten Sie in allen Buchhandlungen und bei zahlreichen Online-Anbietern wie amazon.de. Sie können die Bücher auch beim Verlag direkt bestellen: **www.spiritbooks.de**

Wenn Sie direkt beim Verlag bestellen, unterstützen Sie den Verlag und die Autoren.

Die Vision des Verlags

Vertrauen in das Gespür von Leserinnen und Lesern

Bedingungslos authentische Bücher

Autorinnen und Autoren als Persönlichkeiten, die etwas Unverwechselbares zu erzählen haben.